苑利 顾军 主编｜中国文化遗产保护北斗丛书

非物质文化遗产申报工作指导手册

苑利 齐易 顾军 著

学苑出版社

图书在版编目（CIP）数据

非物质文化遗产申报工作指导手册 / 苑利，齐易，顾军著. —北京：学苑出版社，2022.9

（中国文化遗产保护北斗丛书 / 苑利，顾军主编）

ISBN 978-7-5077-6485-7

Ⅰ.①非… Ⅱ.①苑… ②齐… ③顾… Ⅲ.①非物质文化遗产—申请—中国—手册 Ⅳ.① G122-62

中国版本图书馆 CIP 数据核字（2022）第 159940 号

出 版 人：	洪文雄
责任编辑：	周　鼎
装帧设计：	黄　辉　齐立娟
剪纸创作：	郭如林
出版发行：	学苑出版社
社　　址：	北京市丰台区南方庄 2 号院 1 号楼
邮政编码：	100079
网　　址：	www.book001.com
电子信箱：	xueyuanpress@163.com
联系电话：	010-67601101（营销部）　010-67603091（总编室）
印 刷 厂：	廊坊市印艺阁数字科技有限公司
开本尺寸：	787 mm × 1092 mm　1/32
印　　张：	5.75
字　　数：	107 千字
版　　次：	2022 年 9 月第 1 版
印　　次：	2024 年 4 月第 3 次印刷
定　　价：	48.00 元

总　序

据说，地球上共有动物150多万种，但从起源角度看，无论是有脊椎动物，还是无脊椎动物，它们的起源都远远早于人类。哪怕是一只鳄鱼，一只壁虎，一条蚯蚓。但令人不解的是，为什么在生物进化过程中，后起的人类居然能异军突起，并将那些早于自己的动物，远远地抛在自己的身后？原因很简单，小动物们活着靠的是本能，而人活着除靠本能之外，还在于他们善于学习。不管经历与否，只要他们学到了相关知识，就能利用这些知识去解决面对的问题。当然，一个人的阅历毕竟有限，全靠自己的亲力亲为去获取知识并不现实。这就要求我们在多走多看、增加阅历的同时，多向别人学习，特别是向在5000年中华文明史上，创造过各种文明的祖先们学习，看看祖先们是怎么解决这类问题的。

祖先的经验传递通常会以以下三种方式进行：一种是以典籍的方式将知识与经验传递给我们，一种是以文物的形式将知识与经验传递给我们，最后一种是以口传心授的方式将知识与经验传递给我们，这便是我们通常所说的非物质文化遗产。既然祖先是以上述三种方式，将他们的知识与经验传递给我们的，我们在研究祖先智慧时，就应该打通壁垒，从文献、文物以及非物质文化遗产等多个层面与维度，对祖先遗产进行全方位解读与研究。

在各类遗产中，物质文化遗产似乎是最靠谱的存在。原因是它本身就是历史的一部分，通过它当然可以反观历史，反观祖先在历史上创造的各种文明。但只保护物质文化遗产尚远远不够，因为它很难回答这种文明是怎样创造出来的。与它相比，非物质文化遗产似乎更容易回答这个问题。原因在于，非物质文化遗产尽管不是秦砖汉瓦，但它是秦砖汉瓦的烧制技术；尽管它不是故宫长城，但它是故宫长城的建造技术。从表面看，非物质文化遗产似乎只是活在当下的存在，但实际上它同样是历史的一部分。我们完全可以通过取今证古的方法，用它来解读历史上的各种文明。当然，对于中国这样一个具有3000多年文字使用史的民族来说，只保护好物质文化遗产与非物质文化遗产仍然不够，因为这些文物及文物制作技术背后的许多东西——如作者的设计理念等，通常都是通过文字记录下来的。所以，在对物质文化遗产与非物质文化遗产实施"成对儿"保护的同时，还应注意到对相关文献的保护与研究。正是出于这样一种理念，我们在设计这套丛书时，并没有将目光局限于我们擅长的非物质文化遗产自身，而是在关注非物质文化遗产的同时，也将目光投向了物质文化遗产和文献遗产，并期望通过这种全方位的关照，为祖先遗产的保护，找出更多规律性的东西。

苑 利
2022 年 9 月

前　言

要进步就要学习，一个人是这样，一个民族也是这样。学习的方法有很多，譬如可以通过书本来学习，也可以通过仿造历史上遗留下来的器物来学习。但如果碰到技术难度更大，工艺流程更为复杂，通过上述两种方式都学不来时，人们就会采用一种更"笨"、但也是更为有效的办法来学习。这种"笨"办法就是师傅带徒弟，就是口传心授，而用这种办法来习得的东西，就是我们通常所说的非物质文化遗产。在人类历史上，技术难度高、工艺流程杂的科技文明——无论是中草药炮制技术、中医诊疗技术、传统官式建筑营造技术，还是李约瑟博士总结出的中国四大发明——指南针、造纸法、活字印刷以及火药制作技术，基本上都是通过这种方式来传承。与由知识阶层创造的"精英文化"相比，这些由民间社会创造的以非物质文化遗产为代表的"草根文化"，在中华文明中所占比重，远超所谓的"半壁江山"。

面对这么优秀的文化遗产我们当然要保护。那么，到底应该怎样保护呢？当然，首先要找到它。这就需要我们用睿智的眼光，专业的态度，从纷纭复杂的传统文化事项中将它们钩沉出来，然后，通过申报、评审，将其纳入各级非物质文化遗产名录。这话说起来简单，但要想做好并不容易。经验告诉我们，要想做好钩沉与评审，最最重要的工作便是"辨伪"——看看该项目到底是"真遗产"，还是"伪遗产"，并将那些打着祖先旗号的"伪遗产"拒之门外。马未都先生曾给我们讲过这样一个故事：一次，一个小伙儿拿了个陶罐儿，让他给看看这东西到底是东周的，还是西周的。马先生颠了颠，笑道："这是'上周'的。火气还没退，怎么可能是遗产呢"？不收"假遗产"，这是文物界的常识，但在非遗界人们却很少能意识到这一点，如果这种情况长期得不到解决，各种各样的伪遗产就会堂而皇之地混入《非物质文化遗产名录》。

那么，我们如何才能避免上述问题呢？大家注意，"非物质文化遗产"的核心词是"遗产"。所谓"遗产"，就是祖先留给我们的，而不是自己刚刚创作出来的东西。所以，我们所说的"遗产"，至少要有百年以上的历史。时间不足百年者，不能称之为"遗产"。非物质文化遗产所要保护的不是我们刚刚创作出来的"现产"，而是祖先留给我们的遗产，这一点大家必须形成共识。

当然，作为遗产，只有百年历史尚远远不够，我们还要考虑到该项目的原生程度，即在传承过程中是否是原汁原味传承至今。有人认为非物质文化遗产的最大特点是"活态传承"，而所谓"活态传承"就是"天天变"。其实不然，活态传承的本意不是让我们"天天改",而是让我们尽量不变。所谓"活态传承"的真正含义是,让艺人们通过一尊又一尊佛像的制作,一出又一出小戏的演出,将这些祖先留给我们的遗产以活着的方式传承下去。作为传承人,他的任务只有两个:一是要把祖先留给后人的知识与技艺原汁原味地继承了下来;二是要把祖先留给后人的知识与技艺原汁原味地传承了下去。只要做到这两点,作为中华文明"二传手"的传承人们,也就完成了他们的历史使命。反之,如果因了你的不传,中华文明就会在我们手中彻底断流!

由此可见,要想从纷纭复杂的文化事项中将非物质文化遗产甄别出来,钩沉出来,并不是一件容易的事儿。这一方面需要我们深谙非物质文化遗产的鉴别标准,同时还需要我们有着坚定的职业操守,而这部小册子所要解决的,正是非物质文化遗产遴选、申报过程中经常遇到的种种问题。

目 录

一、申报选项篇

一 判断非物质文化遗产的基本标准是什么? / 003

二 为什么说选择申报项目的第一步首先是辨伪? / 005

三 多大年龄的传承人所传项目更靠谱? / 006

四 为什么说选择优秀项目的前提是选择一位优秀的
传承人? / 008

五 为什么说"原汁原味"的项目才是最好的项目? / 010

六 申报项目不是什么都不能变? / 012

七 为什么说一定要把不传艺给后人的项目拒之门外? / 014

八 非遗类型与传承脉络的对应关系会为项目归类
提供怎样的帮助? / 015

九 申报项目的"代表性"指的是什么? / 016

十 如何评价申报项目的权威性?评价尺度是什么? / 017

十一 如何评价申报项目的影响力?评价尺度又是
什么? / 019

二、申报概念篇

  一 为什么说弄清申报书填写概念非常重要？ / 023

  二 什么叫"项目类别"？拿不准的项目如何归类？ / 024

  三 什么叫"项目代码"？ / 026

  四 什么是"民间文学"？它都包括哪些类型？ / 027

  五 什么是"神话"？它都包括哪些类型？ / 028

  六 什么是"民间传说"？它都包括哪些类型？ / 029

  七 什么是"民间故事"？它都包括哪些类型？ / 030

  八 什么是"史诗"？它都包括哪些类型？ / 031

  九 什么是"民间叙事诗"？它都包括哪些类型？ / 032

  十 什么是"民间歌谣"？它都包括哪些类型？ / 033

 十一 什么是"民间说唱"？它都包括哪些类型？ / 034

 十二 什么是"传统戏剧"？它都包括哪些类型？ / 035

 十三 什么是"民间舞蹈"？它都包括哪些类型？ / 037

 十四 什么是"传统音乐"？它都包括哪些类型？ / 038

 十五 什么是"民间美术"？它都包含哪些内容？ / 039

 十六 什么是"传统手工技艺"？它都包括哪些内容？ / 040

 十七 什么是"传统医药"？它都包括哪些类型？ / 042

 十八 什么是"传统体育、游艺与杂技"？ / 043

 十九 什么是"民俗"？它都包括哪些类型？ / 044

三、申报指南篇

一 "民间文学"中哪些项目可以优先申报? / 049

二 "表演艺术"中哪些项目可以优先申报? / 052

三 "民间美术"中哪些项目可以优先申报? / 055

四 "传统工艺技术"中哪些项目可以优先申报? / 057

五 "传统医药"中哪些项目可以优先申报? / 059

六 "传统体育、游艺与杂技"中哪些项目可以优先申报? / 061

七 "民俗"中哪些项目可以优先申报? / 063

八 怎么看待申报项目中的"迷信"? / 070

九 什么样的仪式不能申报非物质文化遗产? / 072

十 如何确定传统节日传承人? / 073

十一 怎么看待传统节日或传统仪式中的巫师? / 075

十二 判别一个传统舞蹈是否还原汁原味的依据是什么? / 077

十三 艺术学出身评委在评审中容易出现哪些问题? / 079

十四 民俗学出身评委评审时容易出现哪些问题? / 080

十五 经济学出身评委评审时容易出现哪些问题? / 081

十六 文物学出身评委评审时容易出现哪些问题? / 085

十七 文物学出身评委的加入会给非遗评审带来什么好处? / 087

十八　非遗学出身评委是怎样看待非遗项目的？　/ 089

四、申报填写篇

一　如何填写"项目名称"？　/ 093

二　如何填写"推荐单位"和"填表日期"？　/ 095

三　如何理解申报页中的"注意事项"？　/ 096

四　如何填写申报书中的"项目基本信息"？　/ 097

五　如何填写申报书中的"基本内容"？　/ 099

六　如何填写申报书中的"分布区域"？　/ 101

七　如何填写申报书中的"所在区域及其地理环境"？　/ 103

八　如何填写申报书中的"历史渊源"？　/ 105

九　如何填写申报书中的"主要传承人、传承群体"？　/ 110

十　如何填写申报书中的"主要特征"？　/ 116

十一　如何填写申报书中的"重要价值"？　/ 118

十二　如何填写申报书中的"存续状况"？　/ 122

十三　如何填写申报书中"相关实物及文化场所"？　/ 124

十四　如何填写申报书中"项目总体概况"？　/ 127

十五　如何填写申报书中的"建议保护单位"？　/ 131

十六　如何填写申报书中的"保护单位保护能力情况"？　/ 137

十七　如何填写申报书中的"保护单位承诺"？　/ 140

十八　如何填写申报书中的"项目保护计划"？　/ 141

十九　如何填写"已采取的保护措施与已取得的
　　　保护成效"？　/ 142

二十　如何填写"五年保护计划主要内容"？　/ 145

二十一　如何填写申报书中的"五年计划预算编制
　　　　情况"？　/ 148

二十二　如何填写"保障措施"？　/ 150

二十三　如何填写"备注"一栏的内容？　/ 152

二十四　如何填写申报书中"传承人、传承群体同意
　　　　申报及参与保护工作声明书"？　/ 153

二十五　如何填写"专家评审委员会论证意见"？　/ 155

二十六　如何填写"省级文化和旅游行政部门（中央和
　　　　国家机关部门）推荐意见"？　/ 157

二十七　如何拍摄申报视频？　/ 159

二十八　如何选择"代表性图片"？　/ 162

二十九　如何报送材料？有什么要求？　/ 163

一、申报选项篇

一　判断非物质文化遗产的基本标准是什么？

作为申报的第一步，就是首先要从众多的准非遗项目中，选出真正的非遗项目。那么，什么才是真正合格的非遗项目呢？我们提出以下标准，凡符合以下标准者，就是我们所要寻找的非物质文化遗产项目。

（一）从传承时限看，该申报项目至少要有百年以上的历史。时限不足百年者，是不能申报非物质文化遗产的。

（二）从传承形态看，一个合格的非物质文化遗产项目必须是以活态形式传承至今的。那种活态传承已经出现问题，只能靠写书、拍片来记录的所谓"非物质文化遗产"项目，是不能申报非物质文化遗产的。

（三）从原生程度看，我们所要的非物质文化遗产项目必须要以原汁原味的形式传承至今。那些在传承过程中，已经被改编、改造了的项目，是不能申报非物质文化遗产的。

（四）从传承品质看，申报项目必须要有重要的历史认识价值、艺术价值、科学价值、社会价值和借鉴价值。没有重要价值者，是不能申报非物质文化遗产的。

（五）从传承范围看，并不是所有的传统文化事项都能申报非物质文化遗产。从属性看，非物质文化遗产只存在于表演艺术、工艺技术、节日仪式三大领域（详见文化和旅游部非物质文化遗产十个大类），除此之外，都不能申报非物质文化遗产。

为什么我们在这里会提出这样一个问题？这是因为近年来社会上出现了不少错误的认知，认为只要是工艺技术、表演艺术或是民俗节日仪式，都是非物质文化遗产。其实，这是不对的。譬如当代文创，也是工艺技术，但绝不是非物质文化遗产。刚刚创作出来的舞蹈也是表演艺术，但同样不是非物质文化遗产。各地循环上演各种祭祖仪式尽管也是仪式，但同样不是非物质文化遗产。原因是，这些文化现象并不是从祖先那里原汁原味传承下来的，而是近年，甚至就是昨天刚刚创作出来的。既然是刚刚创作出来的，怎么能说这是祖先留给我们的"遗产"呢？非遗申报的第一步，就是要将祖先的"遗产"与我们刚刚创作出来的"现产"区分开来，千万不能因为我们的误读，让假遗产流入非物质文化遗产名录。

二 为什么说选择申报项目的第一步首先是辨伪？

在非物质文化遗产保护原则中，有一个非常重要的原则，这便是"原真性保护原则"，或是叫作"本真性保护原则"。该原则来源于文物保护第一原则——"真实性保护原则"。该原则的核心意思是说，文物保护的第一步，就是对保护对象的真实性做出明确的判断——这个"文物"到底是真的，还是假的？如果不是真的，我们凭什么去保护它？马未都先生曾给我们讲过这样一个故事：一天，一个小伙子拿了个陶罐子请马先生鉴定，他想知道这个罐子到底是东周的还是西周的。马未都掂了掂，告诉小伙子："这是上周的。你瞧啊，这摸着还烫手呢，怎么可能是文物呢？"不仅是文物界，只要在文化遗产保护领域，我们要做的第一件事，就是先看看你所保护的东西到底真不真。在非物质文化遗产保护上，我们同样应该遵循"真实性"这一文化遗产保护的基本原则，并以此对每一个入选项目做出明确的真伪判断。

三 多大年龄的传承人所传项目更靠谱？

从国外经验看，非物质文化遗产传承人的认定年龄，通常被限定在50岁左右。在我们看来，这个年龄段的传承人，尽管由于年龄、体力、手劲、眼力等诸多因素的限制，在手艺上开始走"下坡路"，但这一年龄段的传人他们所传的"绝活"是最多的，所懂技艺是最多的，所知相关传统也是最多的，因此，作为传承人，这一年龄段的传承人显然是最理想的。与亲自传承相比，我们更看重的是他们长期以来积累起来的知识、经验、技能、手艺和绝活儿。因为对于传承人的徒弟来说，他们想看到的不是师傅多干了多少辛苦活儿，而是师傅教给他们多少绝活儿。

相反，50岁以下甚至是更年轻者，并不是我们心目中最想要的传承人，其主要原因是他们所传技艺在纯正度上往往会存在许多问题。如他们所唱民歌多半会夹杂有某些美声唱法的影子，他们所剪的剪纸往往融会有西方绘画的影子，他们所雕作品多半会带有西方雕塑艺术的影子。也就是说，最纯正的民间唱法、民间剪法或是民间做法，在他们那里都没有被原汁原味地继承下来。这种承载有太多"转基因"成分的"传承人"，一旦进入传承队伍，就很容易导致所传项目的迅速异化，如果这类问题不及时纠正，用不上三代两代，我们花费了近20年时间保护的中国非物质文化遗产，就会在我们手中被彻底地西化、洋化。

　　当然，凡事都有例外。在田野调查中，我们也确实发现过一定数量的保持了中国传统的后继人才，他们恪守传统，敬畏经典，原汁原味地传承了本行业的传统。他们代表了中国非物质文化遗产的未来，需重点关注。

四 为什么说选择优秀项目的前提是选择一位优秀的传承人？

非物质文化遗产是由人来传承的。人好，其所传项目自然好。作为一名有经验的非遗保护工作者，他们的经验之谈，就是在选择非遗项目之前，先选出该领域的著名手艺人作为传承人。传承人没问题，其所传项目当然不会有问题。

那么，什么样的人才算得上是一位优秀的非物质文化遗产传承人呢？

首先，这个人必须要亲自参与该项非物质文化遗产的活态传承。这里所说的"亲自参与"主要包括两方面含义：一是指真正工作在生产第一线上的，懂传统、懂技艺，具有实操经验的优秀艺人或匠人；二是指尽管已经不再亲自动手或很少亲自动手，但仍能深入一线，并凭借自己长年积累起来的经验，去指导业内后人的那些杰出的、颇受同行或晚辈尊敬的老艺人、老匠人。只要能找到这些真正懂行的老艺人或是老匠人，用他们手中所传手艺来申报非物质文化遗产，当然不会有任何问题。相反，那些在非物质文化遗产保护过程中，尽管也做出过重要贡献的组织者、协调者、研究者以及热情参与者，由于并未直接参与过非物质文化遗产的活态传承，不能熟练地掌握各种专业知识与技艺，因此是不能以他们的名义申报非物质文化遗产的。否则，中华民族最优秀的活态遗产，很容易因为外行人的介入而变色、走味，甚至是断流。

五 为什么说"原汁原味"的项目才是最好的项目?

非物质文化遗产的最大价值,是它的历史认识价值。我们保护非物质文化遗产的目的,就是想通过它认识祖先的历史及其所创造的文明。而要想保住其历史认识价值最关键的一步,就是必须对它实施原汁原味的保护。实践已经告诉我们:只要不改,便有价值——"钻木取火"不改,我们便可由此知道早在一万多年前人类是如何获取火种的;"客家山歌"不改,我们便可知道一千多年前中原人山歌的唱法。如果我们将"钻木取火"改成了打火机,把"客家山歌"改成了西洋唱法,我们保护的非物质文化遗产还有什么历史认识价值可言?

非物质文化遗产是我们与祖先沟通的重要窗口。如果这里失守,我们将会失去一个与祖先沟通的重要渠道,祖先的智慧就会因我们的改动而彻底消失。我们失去的可不是在某些人眼里的土得掉渣的民歌、舞蹈,或是千年不变的老方子、百年不变的老工艺,而是一笔祖先总结出来的历经千百年验证的、已经所剩不多的、独特而重要的文化战略资源。有了它,我们在创造新文化、新艺术、新科学、新技术时就有了参考;没了它,我们就会在新文化、新艺术、新科学、新技术的创新过程中，因文化战略资源不足而裹足不前。这就需要我们在非物质文化遗产保护过程中，及早建立起"文物"保护意识，把非物质文化遗产作为一种所剩不多的、包含有众多祖先智慧与经验的"活化石"保护起来。从表面看，物质文化遗产与非物质文化遗产，确实是完全不同的两码事，但在本质上，两者却是完全一致的——它们都是历史的一部分，它们的最大价值都是历史认识价值。也就是说，我们所谓"非物质文化遗产"，尽管不是"秦砖汉瓦"，但它是秦砖汉瓦的烧制技术；尽管不是"故宫长城"，但它是故宫长城的建筑技术。作为一国文明的活态载体，非物质文化遗产的有无，往往比物质文化遗产来得更加重要，因为它直接关涉到一国文明能否延续、一国文明能否断流的大问题。为确保中华文明永不断流，传承人要做好以下两项工作：一是将祖先所传遗产原汁原味地继承下来，二是将祖先所传遗产原汁原味地传承下去。而考察"原汁原味"的关键，就是看所传非遗项目改没改。如果已经被改得面目全非，其结果必然是从《非物质文化遗产名录》中除名。

六 申报项目不是什么都不能变?

说到"原汁原味",很多人会心生误解。

误解一:有人认为"原汁原味"太难,没有人能做到。其实,我们坚守的"原汁原味"说起来不难,做起来也不难——昨天怎么做,今天还怎么做;师傅怎么做,徒弟还怎么做。可见,我们所说的"原汁原味"并不难。

误解二:有人认为"原汁原味"就是什么都不能变,而这无人能做到。其实,我们所说的"原汁原味"并不是像某些人所理解的那样,非物质文化遗产什么都不能改,一点儿都不能变,而是说最能代表该遗产的那个决定性基因,不能改、不能变,而且最好一点儿都别改,一点儿都别变。有一则民间故事,开门就讲"俺们那旮旯"。什么意思?这里的"俺们"是山东话,"那旮旯"是满族话,加到一起,就是"我们那个地方"。有人说,这方言不通俗,改成"我们那个地方"应该无大碍。但问题来了。如果不改,我们一看到这五个字,马上就能以此为这个故事做出一个 GPS 文化定位——这个故事肯定发生在东三省,因为只有这里才会既有满族人,也有山东人。如果把它改成"我们那个地方",还能为这个故事做出文化定位吗?

还需要特别说明一点的是,所谓"文化基因",并不是什么空灵的、说不清道不明的东西。就像是一个孩子很多都遗传于父母——他的皮肤像父亲,他的长相像父亲,他的个头像父亲,他的性格也像父亲,那么,这个孩子才算是传承了他父亲的基因。我们保护非物质文化遗产也是同样的道理,如果我们传承的非物质文化遗产,从表现内容,到材质、造型、色彩、工艺、流程,没有一个来自传统,还指望着它能帮助我们传承中华民族的传统文化基因吗?

当然,我们所说的"原汁原味",是指我们对中华文化传统基因的全面继承,至于那些不影响原有基因的小的随性改变,没有必要管得太多。"一遍拆洗一遍新",是非物质文化遗产活态传承的普遍规律,管得太多,反倒会影响民间文化活态传承的随意性。

七 为什么说一定要把不传艺给后人的项目拒之门外？

除具备足够的专业知识与高超技能外，在传承人的认定中，评委还非常看重传承人是否愿意将自己所掌握的全部知识与技能毫不保留地传授给后人。否则，这个人即便才高八斗，也不能认定为非物质文化遗产传承人，这个项目也不能申报非物质文化遗产。我们对非遗项目传承人的考核，大致分为两个部分进行：一是看他是否已经将前人的技艺或技能原汁原味地继承了下来；二是看他是否愿意将前人的技艺或技能原汁原味地传承下去。前者强调的是传承人是否得到了"真传"，后者强调的是他的徒弟们能否在他那里得到"真传"。作为中华文明的"二传手"，传承人肩上的这两副担子一副都不能少。一般情况看，非遗项目在评定时，我们已经对传承人是否已经得到"真传"进行了初步评估，但有时评委会会在有意无意中将该项目是否已经有后继人才一事忽略掉。在审查非遗申报书时，对此应特别留意。

八　非遗类型与传承脉络的对应关系会为项目归类提供怎样的帮助？

由于参与传承人数的不同，非物质文化遗产又可分为"个体传承型""团体传承型""群体传承性"三种传承类型。由于传承类型的不同，传承方式与传承路径都会呈现出很大的区别。譬如，具有相当技术含量、可以养家糊口的非遗项目，多半是通过血缘传承（家族传承）的方式传承的，在技术的传承上，也明显地体现出"个体传承"的特点——如关键性技术均由每一代的嫡长子继承，除此之外，还有传男不传女等，其理由无非是"肥水不流外人田"。那些技术含量不高，基本上凭体力吃饭的非遗项目，多半是通过业缘传承的方式加以传承的，其传承动力无非是凭体力养家糊口。而那些作为公共文化存在的非遗项目——如侗族大歌、苗族舞蹈等，多半是通过地缘传承的方式加以传承的，其传承动力无非是通过这些自娱自乐的方式宣泄情感、愉悦身心、教化世风、交流情感、纪念祖先、重现历史。事实上，传承人在传承类型、传承方式的选择上，都会因传承类别的不同而有所区别。这对于判定一个项目到底属于哪种传承类型，会有一定的帮助。

九 申报项目的"代表性"指的是什么?

非物质文化遗产的传承人,是一个民族传统文化的"二传手"。这个民族传统表演艺术、传统工艺技术、传统节日仪式,特别是其中的核心技艺,能否原汁原味地继承下来并传承下去,传承人发挥着重要作用。因此,传承人及其所传项目的选拔是一件非常严肃的工作,来不得半点儿马虎。

俗话说:"一方水土养一方人。"由于自然环境的不同、文化环境的不同,所承流派的不同,各地、各流派的非物质文化遗产都会呈现出很大的不同。如从地域看,甘肃的皮影与乐亭的皮影、福建的皮影与广东的皮影,都会因环境的不同,在用料、刀法、造型、工艺上有很大的不同。当下中国京剧的当家名旦也因继承梅、程、尚、荀各流派的不同而呈现出不同的艺术风格。我们遴选的传承人及其非遗项目,没有一个能包打天下、敢说自己是某类遗产的集大成者。他们至多只能代表某一流派,或是只能代表某一地域的地域特色。于是乎,传承人所传项目能否代表这一门派或是这一地域特色、文化特色、工艺特色,便成了我们考察非物质文化遗产项目的重要标准。

十 如何评价申报项目的权威性？评价尺度是什么？

非物质文化遗产传承人是否具有权威性，是由多种因素决定的。权威性的形成包括以下三大因素。

其一，看一个非遗项目是否具有权威性，首先要看该项目传承人所传谱系是否正宗。譬如，对于某些家族传承型项目来说，其核心技术通常掌握在嫡长子手中，在非遗传承人及其所传项目申报时，嫡长子占有明显的优势。这是由家族传承这一独特的传承方式决定的；对于某些业缘传承型项目来说，其核心技艺通常掌握在大徒弟手中，在非遗传承人及其所传项目申报时，大徒弟占有明显的优势。这是由业缘传承这种特殊的传承方式决定的。非物质文化遗产申报的权威性，通常是由非物质文化遗产传承规律决定的。找到了规律，我们就会事半功倍，就会不犯或少犯错误，并将真正的非遗项目及其传承人钩沉出来。

其二，看一个非遗项目是否具有权威性，主要还是要看该项目传承人所传技艺如何。"实践是检验真理的唯一标准。"考察一个传承人是否具有权威性，最重要的就是看他做得如何，是否掌握着这个行业的"独门绝技"。在行业内部，并不是所有匠人都能掌握"独门绝技"。只要我们找到了"独门绝技"的所有者,自然也就找到了我们要找的非遗传承人,自然也就找到了我们要找的非遗项目。

其三,看一个非遗项目是否具有权威性,同时还要看该项目传承人所传技艺的保有量如何。譬如,某布袋戏传承项目只能演出20余个折子戏,而当地并未进入遗产名录的草台班子竟然能演出200—300个折子戏,谁更权威,当一目了然。

十一　如何评价申报项目的影响力？评价尺度又是什么？

对非物质文化遗产项目的认定，通常都会是一个系统的认定，要考虑到申报项目的方方面面。但综合到一起，便是该项目及其传承人是否具有广泛的影响力，是不是该行业或该领域的领军人物。因此，是否具有很高的知名度与很强的号召力，也应该成为我们衡量、选拔非物质文化遗产项目的重要标准。认定机构也会根据该项目传承人影响维度的大小，将其评为县级、市级、省级乃至国家级非物质文化遗产传承人。

总之，我们所说的"非物质文化遗产传承人"，是指那些不但能将祖先所传技艺原汁原味地继承下来，同时也愿意将祖先技艺原汁原味地传承下去，且在这个过程中取得过公认成就，具有一定代表性、权威性或影响力的某些自然人和社会群体。

二、申报概念篇

一 为什么说弄清申报书填写概念非常重要？

非物质文化遗产申报书的填写，是一件既需要对非物质文化遗产基本知识、基本理论、基本政策有深刻认识，又需要对所申非遗项目历史脉络、文化源流、主体构成、价值所在等情况有深入了解，同时还需要具备良好的文字表达能力，才能做好的一件事。没有对非物质文化遗产评价标准的深刻了解，没有对非物质文化遗产项目来龙去脉的深入把握，要想填好非物质文化遗产申报书，几乎是不可能的。

非物质文化遗产申报书的具体样式，也处在一种动态的变化之中，如2019年版国家级非物质文化遗产申报书，就与往年在样式上有很大不同。为使申报书填写者能有所依据，以使填写工作少出纰漏，我们下面就主要以2019年版国家级非物质文化遗产申报书为例，逐一解释非物质文化遗产申报书在填写中需要注意的若干事项。

二 什么叫"项目类别"？拿不准的项目如何归类？

所谓"项目类别"，就是指我们所要申报的具体项目到底应该归入十大非物质文化遗产类别中的哪一类，是"民间文学""传统音乐""传统舞蹈""传统戏剧""曲艺""传统体育、游艺与杂技"，还是"传统美术""传统技艺""传统医药""民俗"？

本申报书的特别界定：

（一）本申报书凡提及"传统音乐"者，一指"山歌"，二指纯粹的"音乐演奏"。而与"传统舞蹈""传统戏剧""曲艺"等有关的"音乐"，统归"传统舞蹈""传统戏剧""曲艺"。

（二）本申报书中"传统美术"与"传统技艺"的区别在于："传统美术"重在强调"美术"，它主要是"传统绘画技艺""传统镂刻技艺""传统刺绣技艺""传统彩扎技艺""传统雕刻技艺""传统雕塑技艺"，其内涵、外延与"传统美术"概念有部分的一致性。而"传统技艺"重在强调技术，如酿酒技术、造纸技术，等等。它主要包括"陶瓷制造技艺""传统织造技艺""传统印染工艺""金属加工技艺""髹漆技艺""建筑技艺""竹木器制作技艺""酿造技艺""文具制作技艺""制茶技艺""传统文物修复技艺"等。

（三）本申报书中的"民俗"，主要包括以下四方面内容：传统生产知识、传统生活知识、传统节日、传统仪式。

需要注意的是，"项目类别"应该与该页右上角的"项目代码"一致。

三 什么叫"项目代码"?

我国的非物质文化遗产分为十个大类,这些类型通常都有一个用罗马数字代表的"项目代码"。这些类型与项目代码的对应关系分别是:民间文学(Ⅰ),传统音乐(Ⅱ),传统舞蹈(Ⅲ),传统戏剧(Ⅳ),曲艺(Ⅴ),传统体育、游艺与杂技(Ⅵ),传统美术(Ⅶ),传统技艺(Ⅷ),传统医药(Ⅸ),民俗(Ⅹ)。

四 什么是"民间文学"？它都包括哪些类型？

民间文学泛指历史上产生并流传于民间社会的、足以反映民间社会情感与审美情趣的文学类作品。由于这类作品主要以口耳相传的方式传承于民间社会，故又称"口头文学""口碑文学""劳动人民口头创作"。民间文学具有如下几个特点：第一是它的口头性。民间文学与书面文学不同，它是一种口耳相传的文学。第二是它的集体性。它产生并流传于民间，是一种典型的集体创作。在内容上，它反映了民间的喜怒哀乐，在形式上，它反映了民间的审美风格，是最能代表中国文化底色的草根文化。第三是它的变异性。由于口头语言具有不稳定性，所以，变异是这类文学的主要特征。变异性一方面造就了更多的地域文化的独特性，同时也造就了人类文化的多样性。第四是它的人民性。这类文化内容上反映的是人民的喜怒哀乐，形式上反映的是人民的审美情趣，是最能代表中华文化底色的文学艺术表现形式。

从体裁看，民间文学大致可分为散文体民间文学和韵文体民间义学两大部分。散义体民间义学包括神话、传说、故事、寓言、笑话等，韵文体民间文学包括史诗、叙事诗、歌谣、谚语等。

五 什么是"神话"？它都包括哪些类型？

神话是指远古人类在历史上创造并以各种形式传承至今的、用于解释各种自然现象与社会现象的、具有神圣性质的散文体民间文学作品。它是一个民族对其史前历史的集体追忆，是研究上古史的珍贵资料。

"神话"一词源自日语，它的本意是"神的故事"。神话大致可分为自然神话、人类起源神话以及文化起源神话三类。

自然神话也叫"创世神话""万物来源神话"。这类神话的基本内容是解释天地及宇宙万物的来源问题。前者又可分为垂死化身型、混沌开辟型、卵生型、神创型数种，用以解释世界来源。在自然神话中，也不乏人类征服自然、改造自然的原始母题。如广泛流传于民间社会的射日神话、补天神话、治水神话等，都属于这一范畴。

人类起源神话也叫"族源神话""图腾神话"，这类神话所讲述的是人类来源问题。这类神话主要有动物变人型、植物变人型、无生物变人型，及神造、洪水遗民型数种。

文化起源神话是指解释人类社会典章制度、风俗习惯、器物由来等文化事项由来型神话，如伏羲画八卦、仓颉造字、有巢氏作居室、燧人氏发明火、神农氏始耕稼、黄帝创设各种文明制度，等等。

六 什么是"民间传说"？它都包括哪些类型？

民间传说是指产生并流传于民间社会的、具有某种解释性功能的民间故事。由于它与特定历史人物、历史事件、自然风物、社会习惯有机地结合到一起，具有一定的真实性。所以，民间传说也常被人们称为"民间社会的口传历史"。民间传说大体上可分为以下四个大类。

（一）历史人物传说是指与历史人物有关的民间传说。这类传说的主人公一般多是历史上确有其人的著名人物。帝王将相、民族英雄、历代文人、起义领袖，业内祖师等都可成为人物传说的讲述对象。

（二）历史事件传说是指以讲述历史上真实发生过的历史事件为主要内容的传说。与人物传说相比，历史事件传说具有更多的真实性。

（三）风物传说是指那些与各地自然风光、人文景观、风土人情，甚至地方土产有关的民间传说。这类传说具有较强的地域性，为乡土文化与自然景观提供了来自民间社会的解读。

（四）动植物传说是指以解释动植物基本特征为主要内容的民间传说。人死后幻化为某种动物或植物是这类传说的基本叙事模式。这类传说历史久远，是研究人类原始思维和人类社会对各种动植物习性、特征认知方式的重要材料。

七 什么是"民间故事"？它都包括哪些类型？

广义的民间故事主要包括以下四个类型。

（一）幻想故事。幻想故事产生较早，其中有大量反映前阶级社会风俗习惯、原始观念的内容，是研究史前文化的重要资料。由于这类故事意在借用古老观念传播人类最基本的道德意识，具有明显的教化意义，深为儿童喜爱，故也被称为"童话"。在思想内容上，它所表现的是劳动人民最基本的价值观、世界观，反映了劳动人民勤劳、勇敢、善良、智慧、正直、朴实的优秀品格。在艺术形式上，这类故事的人物、情节、结构、语言都具有明显的类型化、模式化特点。

（二）动物故事。动物故事是指那些以动物为主人公的民间故事。故事中的动物虽没有神奇力量，但大多性格鲜明。通过动物之间发生的纠葛，来反映人际社会中人与人之间的关系，是这类故事的基本特征。同时，这类故事也是儿童们了解各种动物习性的重要渠道。

（三）生活故事。生活故事是指那些写实性较强的民间故事，如长工斗地主的故事、巧媳妇的故事、呆女婿的故事，等等。

（四）笑话。笑话短小精悍、讽刺性强，是针砭时弊的有力武器，具有很强的认识价值，如《阿凡提的故事》《徐文长的故事》，等等。

八 什么是"史诗"？它都包括哪些类型？

史诗是指以诗体形式演唱某一民族历史的叙事体诗歌形式。从内容上看，史诗又可细分为创世史诗与英雄史诗两种。

创世史诗是指专门讲述天地开辟、人类起源的韵文体民间文学。这类史诗多产生于一个民族的童年时代，充满了早期人类对各种自然现象的天真解释，也记录下了人类在征服自然的过程中所经历的种种磨难。在内容上，创世史诗与神话颇为相似，只是在表述方式方面略有不同——一个是韵文体，一个是散文体。在我国，创世史诗集中分布在北纬30度以南的广大西南少数民族地区。比较著名的有苗族的《苗族古歌》、瑶族的《密洛陀》、彝族的《梅葛》、纳西族的《创世纪》，等等。

英雄史诗是一种以军事民主制时代民族英雄征战、杀伐为主要内容的韵文体民间文学，明显晚于创世史诗，是"英雄时代"的特定产物。主要分布在北纬40度以北的东北及西北少数民族游牧地区。它所关注的是那些现实生活中叱咤风云的民族英雄和整个民族的命运。民族间频繁的战争、迁徙以及比族公社时期各民族的社会生活实景，是它反映的主要内容。史诗的篇幅一般都很长，演唱起来短则几天，长则几十天。

九 什么是"民间叙事诗"？它都包括哪些类型？

民间叙事诗也以叙事为主，但它所反映的主要是进入阶级社会以后的人类社会生活。由于它以唱故事为主，所以也叫"故事歌"。中国汉族地区被记录下来的最早的叙事诗出现在商周时期，而到了汉代，民间叙事诗便已获得了长足发展。如今天我们所看到的《孔雀东南飞》，就是这一时期汉族民间叙事诗的代表。但随着汉代佛教的传入，以"俗讲""变文"为主的讲唱形式逐渐取代了传统的叙事诗，至此，汉族地区的叙事诗开始走向衰亡。目前，中国的民间叙事诗主要分布于西南少数民族地区，此外，在同一纬度的长江中下游地区也有少量分布。民间叙事诗集中反映了两个时代主题：一个是爱情，一个是斗争。如流行于在云南德宏傣族自治州的《娥并与桑洛》、流行于彝族支系撒尼人居住地的《阿诗玛》，反映的都是爱情主题；而流行于汉族地区的《钟九闹漕》、流行于蒙古族地区的《嘎达梅林》和流传于苗族地区的《张秀眉之歌》，反映的都是阶级斗争与民族斗争主题。可以说，民间叙事诗一直都在直面社会问题。

十 什么是"民间歌谣"？它都包括哪些类型？

民间歌谣尽管篇幅短小，但数量巨大，在民间文学中占有重要地位。它涉及范围极广，按其所涉猎的内容又可分为劳动歌、仪式歌、时政歌、生活歌、情歌、儿歌，等等。

劳动歌的作用在于协调动作，鼓舞情绪。仪式歌的作用在于沟通人神关系。而时政歌的作用则在于表达民意。此外，生活歌、情歌、儿歌等，也都有着自己的功能与特色。

十一 什么是"民间说唱"？它都包括哪些类型？

民间说唱又叫"曲艺"。它是一种以"叙述体"为基本特征的表演形式。在我国，民间说唱历史悠久，早在汉代就已经出现了说书艺人，随着佛教"俗讲""变文"的传入，民间说唱作为一种表演方式便很快普及到了广大中原地区。至宋代，随着城市经济的发展，民间说唱得到进一步普及。宋元以来，不但涌现出一大批专业艺人，而且还产生了众多曲艺品种。宋代的"诸宫调""鼓子词"，元明以来的"弹词""鼓词""道情"，清代的"子弟书"等，都是说唱文学的著名曲种。民间说唱大体包括说、唱两种形式，即所谓"说故事"与"唱故事"两大类。

"说故事"以说为主，语言是散文化的，如北方的评书、南方的评话都属于这一类型。北方的相声和南方的滑稽也属于散文体表现形式，但并不一定以"说故事"为主。这一点与北方评书与南方评话仍有区别。也有以说为主、以唱为辅者，如北方的鼓书、南方的评弹，等等。

"唱故事"以唱为主，有腔有调，有辙有韵，有鼓板丝弦伴奏的，如京东大鼓、河南坠子、北京琴书、苏州弹词，等等。还有一种被称为"韵诵体"的艺术表演形式，如山东快书、快板等，这类曲种虽无乐器伴奏，但通过快板的击节伴奏，作品的节奏感依然很强。

十二 什么是"传统戏剧"？它都包括哪些类型？

传统戏剧是指在人类历史上创造，并以活态形式传承至今的、以唱念做打为基本表现形式，集唱腔、旁白、肢体语言、音乐、舞美于一体的传统代言体表演艺术形式。中国传统戏剧最大的特点就是它的程式性，如开门、上马、划船，都有一套程式性动作，并与西方戏剧的写实主义形成明显的区别。

中国的传统戏剧主要分为以下三类。

（一）民间小戏

民间小戏是指由民间艺人创作并表演的、广泛流行于民间社会的地方小戏，如北方的二人转、内蒙古的二人抬、贵州的花灯戏等。民间小戏涵盖范围广泛，对于我们研究地方文化、地方音乐、地方特定的肢体语言，都具有十分重要的认识价值。

（二）传统大戏

传统大戏泛指出演人数较多的大型戏剧。这些戏剧多半是在原有的小戏的基础上发展起来的。比较著名的大型剧种有北方的京剧、评剧，南方的昆曲、越剧，等等。

（三）道具戏

道具戏主要指用道具人形演出的传统戏剧。如木偶戏、皮影戏、面具戏，等等。

  需要指出的是，由于话剧、芭蕾这些西方表演艺术形式传入我国的历史较短，又是舶来品，至少在短期内不会列入我国非物质文化遗产保护名录。

十三 什么是"民间舞蹈"？它都包括哪些类型？

传统的民间舞蹈是在历史上产生的、以活态的形式广泛流行于民间社会并为广大民众所喜闻乐见的肢体艺术形式。这类舞蹈具有较强的自娱性和稳定性，尽管在表演过程中会有一定的随意性，但很少发生大的变动，是了解中国传统肢体艺术的重要途径。

民间舞蹈起源很早，依功能不同，民间舞蹈又可分为两类。

（一）娱人型舞蹈。娱人型舞蹈主要用于各种节庆、迎客、联欢、娱乐、演出等场合，如各种芦笙舞、秧歌、鼓舞、旱船、抬阁，等等。

（二）娱神型舞蹈。娱神舞蹈主要用于各种丧葬、祭祀、祈祷、治病、驱邪等宗教仪式。

但事实上，即或是娱人舞蹈，也多半与娱神有关，有些甚至就是来源于民间的娱神活动，这是研究人类社会发展史的活化石，值得认真保护。

十四 什么是"传统音乐"?它都包括哪些类型?

传统音乐包括"歌"与"曲"两部分。"歌"是指有歌词的演唱,"曲"是指用乐器进行的演奏。民歌是民间音乐的基础。中国历史悠久,民族众多,由于自然环境与人文环境的不同,形成了丰富多彩的民歌。中国民歌大体可分为山歌、小调、劳动歌曲等三类。器乐音乐可分为独奏、合奏两个部分。其中,独奏音乐又可分为弓弦、弹拨、吹管、打击等,合奏又可分为弦索乐、丝竹乐、吹管乐、鼓吹乐和吹打乐。

中国传统音乐有三大来源,它们分别是以黄河流域为中心的中原本土音乐,分布在广大边疆地区的少数民族音乐和源自国外但又慢慢融入本土音乐中的外来音乐。这是中国传统音乐申报的重点。至于舞蹈中的舞蹈音乐、戏曲中的戏曲音乐、曲艺中的曲艺音乐,均可作为舞蹈、戏曲及曲艺的一部分进行申报。

十五 什么是"民间美术"？它都包含哪些内容？

传统民间美术是指产生并流传于民间社会的、历史悠久的、能够充分反映一个民族情感及审美情趣的传统工艺技艺与技能。它主要包括：

（一）传统绘画技艺：民间手绘画绘制工艺、民间版画绘制工艺、民间工艺画制作工艺、国画绘制技艺、传统书法艺术。

（二）传统镂刻技艺：皮影制作技艺、剪纸制作技艺、其他材质的镂刻技艺等。

（三）传统刺绣技艺：苏绣、湘绣、粤绣、蜀绣、十字绣等。

（四）传统彩扎技艺：风筝制作技艺、灯彩制作技艺、纸扎制作技艺。

（五）传统雕刻技艺：石雕技艺、砖雕技艺、木雕技艺、竹雕技艺、玉雕技艺、牙雕技艺、角雕技艺、骨雕技艺、印模技艺。

（六）传统雕塑技艺：泥塑制作技艺、面塑制作技艺。

十六　什么是"传统手工技艺"？它都包括哪些内容？

传统手工技艺是指艺人或匠人以手工劳动的方式所进行的造物活动。在文旅部非物质文化遗产十分法中，传统手工技艺既包括审美与实用相结合的工艺美术类造物活动，也包括纯工艺、纯技术性质的造物活动。它主要包括以下几方面内容：

（一）陶瓷制造技艺：陶艺方面主要有彩陶制作工艺、印纹陶制作工艺、白陶制作工艺、黑陶制作工艺、红陶制作工艺等；瓷器方面主要有青瓷制作工艺、白瓷制作工艺、青花瓷制作工艺、琉璃制作工艺，等等。

（二）传统织造技艺：丝织工艺、棉织工艺、锦织工艺、缂丝工艺、擀毡工艺、编织工艺。

（三）传统印染工艺：蓝印花布印染工艺、药斑布印染工艺、彩印花布印染工艺、木模印花布印染工艺等；染缬方面的蜡染、扎染、印花漏版，等等。

（四）金属加工技艺：金属饰品的制作工艺、金属器物制作工艺等。

（五）髹漆技艺：单色漆、罩漆、描漆、描金、堆漆、填漆、雕填、螺钿、犀皮、剔红、剔犀、款彩、戗金、百宝嵌等。

（六）建筑技艺：民居建造技艺、官式建筑建造技艺等。

（七）竹木器制作技艺：家具、弓箭制作等。

（八）酿造技艺：酿酒技艺、酿醋技艺等。

（九）文具制作技艺：笔、墨、纸、砚制作技术。

（十）制茶技艺：红茶、绿茶、白茶、黑茶、黄茶及花茶等制作技艺。

（十一）传统文物修复技艺：金属器修复技术、陶瓷器修复技术、书画修复技术、玉器修复技术、纺织品修复技术、甲骨修复技术、石器修复技术、彩塑修复技术、竹木器修复技术、珐琅修复技术、玻璃器修复技术，等等。

十七 什么是"传统医药"？它都包括哪些类型？

所谓"传统医药"，是指中国古代积累和总结出来的有关保健知识、技能及其实践的总和。中国中医药传统博大精深，它既包括阴阳五行、奇经八脉、望闻问切等传统医疗实践观察方法和知识体系，也包括饮食养生、五禽太极等养生哲学，同时还包括推拿拔罐、针灸汤剂等治疗方法、组方理论。从涉及范围看，它已经涵盖了中医理论、养生、诊法、疗法、方剂、中药、针灸等多方面内容。

传统医药是一种有别于现代医药的另一种医学认知体系和治疗体系。其一，传统医学认为：健康是建立在人体平衡基础之上的，只有身体或精神失衡，才会导致疾病的发生。所谓治疗，就是用各种手段重建平衡。其二，传统医药十分重视个体的差异，治疗方式也会因人而异。其三，传统医药强调整体观、系统观，并从整体上分析病因，并给予治疗。依中医传统，每个从业者都有一块属于自己的领地，如果申报者在某一领域确有一技之长，则可根据自己的特长，或针灸，或推拿，或接骨，或炮制，或理论，择一申报。

十八　什么是"传统体育、游艺与杂技"?

所谓传统体育、游艺与杂技,是指按一定组织形式、顺序与规则,在平等前提下,让人们参与的以强身健体、提高身体素质与心理素质为目的的竞技娱乐活动。中国历史悠久,体育竞技活动源远流长。太极拳、武术、蹴鞠、游戏等众多体育项目和杂技已经作为中国符号而永远铭刻在了中国传统文化中。

在申报过程中,传统体育、游艺与杂技均可作为单独项进行申报。

十九　什么是"民俗"？它都包括哪些类型？

在中国非物质文化遗产名录中，"民俗"这个概念所含内容非常广泛。笼统地说，它主要包括以下几方面内容。

（一）传统生产知识与技能。为维持生命，人类就必须进行生产实践。在这漫长的实践过程中，人们逐渐积累下了丰富的生产经验。这经验既包括农业生产、牧业生产、渔猎生产、手工艺生产方面的各种知识与技能，也包括与各种生产实践相关的知识与技能。

（二）传统生活知识与技能。传统生活知识与技能是指与人类衣食住行等日常生活相关的知识与经验：1.传统服饰制作知识与技能；2.传统饮食制作知识与技能；3.传统建筑方面的知识与技能；4.传统交通方面的知识与技能。总之，只要是来自生活实践且具有重要认识价值与借鉴价值的传统知识与技能，都可视为生活知识类遗产并对其实施科学保护。

（三）传统仪式。所谓"传统仪式"，就是我们通常所说的为了见证某一重要事件而举行的民俗活动。从功能出发，我们可以将这些传统仪式分为为解决人与人、人与社会之间关系而产生的仪式和为解决人与自然之间关系而产生的仪式这样两大类型。所谓"为解决人与人之间关系而产生的仪式"

主要包括祖先神祭祀仪式、英雄神祭祀仪式、行业祖先神祭祀仪式以及人生礼仪，等等。所谓"为解决人与自然之间关系而产生的仪式"主要包括天神及天神祭祀仪式、日月神及日月神祭祀仪式、星辰及星辰祭祀仪式、山水神及山水神祭祀仪式，以及以巫术形式为主的祭祀仪式。

（四）传统节日。所谓传统节日遗产，是指人类在历史上创造并以活态形式传承至今的，具有重要历史价值、艺术价值、文化价值以及科学价值的传统节庆活动。我们说的"传统节日"至少应具备以下三大特征：第一，必须具有足够长的历史；第二，必须以活态形式传承至今；第三，必须具有重要价值。

三、申报指南篇

一 "民间文学"中哪些项目可以优先申报?

民间文学在申报的选项上,应重点遵循以下原则。

(一)在体裁上具有地标性质者优先

每个民族都有自己的表达方式,譬如傣族喜欢用叙事诗表达情感,蒙古族喜欢用好来宝表达情感。这些表达方式的独特性,很好地保护了中华文化的多样性,因此,地域标志性体裁,理应成为申报工作的重点。

(二)在题材上具有地标性质者优先

许多民族或地区都有其标志性题材。如新疆地区的《阿凡提的故事》,蒙古族地区的《巴拉根仓故事》,福建地区的《陈靖姑传说》。这些作品不但比较集中地展示了当地社会的独特信仰,同时还可以使我们更加系统地了解到当地社会的人生观、价值观以及他们独特的审美表达方式。这些作品尽管篇幅较短,但多半已经形成了独特的故事群、笑话群,完全可以作为一种独特的文化现象优先申报。

(三)在影响上既有深度又有广度者优先

作品的影响度是由作品的影响深度与广度这样两个方面构成的。所谓"影响深度",是指一个文学作品影响人们的日常生活究竟有多深?仅仅是人们茶余饭后的谈资,还是已经深刻地影响到了当地人的衣食住行、婚丧嫁娶等各个层面?所谓"影响广度"是指一个作品的影响范围究竟有多大?是一个村、一个县,还是一个国家,甚至是许多国家?当然,影响越大、越深,获批的概率就越高。

(四)演唱主体出类拔萃者优先

在申请民间文学项目时,除看作品本身的质量外,还要看故事家、史诗演唱者的表述能力如何。讲述、演唱水平高者,可优先申报。已经没有杰出传承人,即已经无法进行活态传承者,是无权申报非物质文化遗产的。

(五)作品原产地或集散地优先

在民间文学项目申报过程中,要尽量遵循作品原创地或聚散地就地保护原则。对于作品原产地的认定,学者的论证固然重要,但关键还是要看当地社会是否认可。如果当地社会并不认为它就是当地的东西,即或专家考证无误,也不能申报非物质文化遗产。如果无法查出原产地,则原则上支持作品存世较多、优秀传承人在世、作品又处鲜活状态的作品集散地优先申报。

(六)有超长篇作品或呈集群状分布者优先

在偏远地区,往往还保存有许多超长篇作品,这些作品既被视为当地历史,也被当成当地文学,在当地百姓生活中占有重要地位。如藏族的《格萨尔》、蒙古族的《江格尔》、柯尔克孜族的《玛纳斯》以及苗族《古歌》等,这些鸿篇巨著当然可以优先申报非物质文化遗产。在另一些地区，它的民间文学篇幅虽然短小，但数量众多，有时会针对一个事物产生很多专题型系列故事，如各种各样的《泰山传说》《黄山传说》，或是同一母题的人物故事，如《阿凡提的故事》，等等。对于这类成集群状出现的民间故事，同样可以优先申报。必须指出的是，仅凭一则故事或是一首歌谣是不能申报非物质文化遗产的，这对于长篇巨著或成集群状出现的民间故事群是不公平的。

二 "表演艺术"中哪些项目可以优先申报?

表演艺术大致可分为地方音乐、舞蹈、戏曲、曲艺等多个类型,但在申报原则上仍有诸多共性。这些共性分别是:

(一)独具本土特色者优先

在体裁上,非物质文化遗产重点保护的是那些土生土长的乡土艺术形式。而能否保护好自己的根脉和永远隶属于自己的文化基因,不仅关系到一个民族的文化走向,同时也直接关系到一个民族所属文化的生死存亡。在申报遗产项目时,我们应该以具有明确归属感的本土传统表演艺术形式为主轴,将最能代表地方传统的地方音乐、舞蹈、戏曲、曲艺钩沉出来。

相反,那些尚未融入本国表演艺术之中的外来艺术形式,或是那些已经被外来文化浸染过的、已经不再那么纯正的所谓"本土表演艺术形式",均不在非物质文化遗产申报之列,这是由非物质文化遗产保护运动的宗旨——保护本民族文化基因这一出发点决定的。

(二)具有原生性质者优先

从品质看,我们期望发掘的是真真正正的本地传统,这一传统的基本标志,便是真正活在民众生活中,特别是活在传统仪式中的,由老艺人世代相传的、没有经过任何改编改造过的原汁原味的传统艺术表现形式。

反之,那些已经被改编改造过的"转基因"音乐、舞蹈、戏曲、曲艺,是不能申报非物质文化遗产的。譬如说把工尺谱改为简谱或五线谱,通常是遗产项目衰落的开始。因为中国传统音乐的许多"音儿",是深藏在钢琴键的"键缝"里,用简谱或是五线谱根本无法标识出来,用它来传承中国民乐,岂不是用《圣经》改《心经》,你想,那还靠得了谱吗?

(三)品种濒危者优先

随着现代传媒技术的快速普及以及老艺人的不断离世,我国的传统表演艺术面临着空前冲击。而且,这种冲击迄今未能得到缓解。例如,历史上妇孺皆知、耳熟能详的北京琴书、八角鼓、莲花落、太平歌词等,均已步入灭绝的边缘。所以,与保护生存状况较好的传统表演艺术相比,抓紧最后时机去保护那些已经进入濒危状态的传统表演艺术形式更为重要。

(四)保存有众多传统剧目者优先

从传统表演艺术申报情况看,目前我们的许多地方政府,似乎都进入了这样一个怪圈——在能够进入《非物质文化遗产名录》的传承群体中,隶属本系统内部的国有院团,占据了申报项目的绝大部分份额。反之,那些传承剧目更多的民间艺术剧团,反倒很难分到这块蛋糕。而随之而来的更大的问题是,已经进入《非物质文化遗产名录》的国有院团,有相当部分既缺少奋斗精神，也缺少市场意识，再加之其从业者对非物质文化遗产保护理念的错误理解，不断地对传承项目进行设备上的改造、表演程式上的改造。改来改去，原汁原味的东西越来越少不说，所传剧目也出现了急剧萎缩的问题，许多历史上形成的经典剧目根本未能传承下来。基于上述情况，我们建议在今后的申报工作中，要重点将那些被弃之基层，但又确实保留有众多传统剧目者，尽可能多地钩沉出来，不要因为体制上的问题，让他们所传承的众多剧目，在我们手中彻底流失。

我们之所以在数量上对申报项目提出这样的要求，是因为一个合格的非物质文化遗产传承人，与一个"一歌走天下"的流行歌手完全不同，传承人的传承需要一定的"量"做支撑，没有一定的"量"，仅凭着十首八首山歌小曲或是舞蹈小戏，是当不了传承人的。

有人问，非物质文化遗产传承人在"量"上的最高标志是什么？我告诉大家：我见过的民间高手，都是通过打擂台上来的。一个好的传承人的基本标志是，只要他登上擂台，便永无对手！我们需要的是这样"才高八斗""学富五车"的非物质文化遗产传承人。

三 "民间美术"中哪些项目可以优先申报?

"民间美术"涉猎范围广泛,但申报原则基本相同。它们分别是:

(一)极具民族与地方特色者优先

民间美术是一个地区或是一个民族传统美术的代表,也是一个地区或是一个民族传统审美习惯的集中体现。民间美术常常以地域标志性文化的身份呈现在世人面前。如天津的泥人、无锡的阿福、杨柳青的年画、蔚县的剪纸、环县的皮影、东阳的木雕、象山的竹雕等,都可视为这些地区或是这些民族的地域标志性文化。由于传承时长不同,精到程度不一,各种民间美术产品所承载的技术含量也不完全相同。这就要求我们在申报过程中,通过深入调查,将那些真正能够代表当地民间美术最高水平、最高审美情趣与最高思想境界的非物质文化遗产事项钩沉出来。而那些已经被普及化或是已经被同化了的、缺乏民族个性与地方特色的所谓"民间美术",不应成为我们的申报重点。

(二)怀揣独门绝技者优先

非物质文化遗产保护重点,就是保护各地文化的独特性。在遗产申报过程中,我们也要将那些独具民族特色与地域特色的非物质文化遗产事项——如襄阳皮影中的独臂影人（一般的影人都是双臂，而襄阳的影人则是单臂）演出技艺、乐清细纹剪纸刻制技艺一类独具特色的非物质文化遗产事项发掘出来。

（三）传统手艺面临濒危者优先

在非物质文化遗产申报中，濒危型民间美术类遗产应该引起我们的特别关注。特别是那些已经没有市场，而持有人又年事已高的项目，应该成为我们保护的重点。

四 "传统工艺技术"中哪些项目可以优先申报？

传统手工技艺是一个民族传统手工艺中的精华。那些耳熟能详的知名手艺，多半不存在濒危问题。目前需要查缺补漏的，是独具民族特色、地方特色的遗产项目和那些深藏民间的属于独门绝技的绝活儿。

（一）独具民族与地方特色者优先

"一方水土养一方人。"由于自然环境不同、人文传统不同、生活习惯不同，每个地方都会产生一系列与自身生活息息相关的传统工艺技术，并作为当地地域标志性文化呈现在我们面前。如维吾尔族的英吉沙小刀、土家族的西兰卡普等，都可视为极具代表性质的地域标志性文化。我们的任务，就是将这些工艺技术类地域标志性文化挖掘出来。如果若干年后，我们突然发现有些地方的地域标志性文化并没有真正地挖掘出来，有些甚至已经消失，则意味着我们今天所进行的普查申报工作犯下了不可饶恕的错误。

（二）怀揣独门绝技者优先

传统工艺技术是一门影响广泛的传统文化现象，许多传统工艺技术即或政府不去保护，它们也会因为社会与市场的需求传承下去。我们真正需要保护的是那些老艺人、老匠人手中传承的"独门绝技"。如陕西咸阳大车制作技艺这样的已经很少使用的、完全处于濒危状态的传统手工技艺,应该成为我们普查、申报工作的重点。

五 "传统医药"中哪些项目可以优先申报？

"传统医药"作为濒危遗产，重点应放在抢救上。申报时，在项目的选定上，也应遵循"抢救第一"的原则，将中华各民族在历史上创造的传统医药文明继承下来并传承下去。那么，我们应该重点抢救些什么？申报些什么呢？

（一）名家所传者优先

中国历史上有着悠久的医药学传统，也形成了以伏羲、神农、扁鹊、岐伯、华佗、张仲景、皇甫谧、葛洪、王叔、范汪、孙思邈、孟宪、陈自明、郭雍、王唯一、朱震亨、滑寿、王肯堂、张介宾、李时珍、徐大椿、刘元素、张从正等为代表的一大批名医名家。这些学术流派所创造的医疗理论与技术，尽管有些传承的并不是那么好，但绝大多数医药学理论还是被各地中医名家传承了下来。作为中华民族一笔最重要的医药学遗产，这部分内容应该得到重点保护、重点申报。

（二）具有独门绝技者优先

"传统医药"包含中医理论、养生、诊法、疗法、方剂、中药、针灸等多方面内容。依中医传统，每个从业者通常都会有一块属于自己的专业领地，申报者可根据自己的特长，或针灸，或推拿，或接骨，或炮制，或理论，选择一具体领域，如妇产科、小儿科、骨科等进行申报。

（三）少数民族地区掌握有独门绝技者优先

中国是个具有 56 个民族的多民族国家，在漫长的发展过程中，许多民族都形成了丰富多彩的本民族医药文化。我们应该通过申报，将这笔宝贵的民族文化遗产挖掘出来。目前，维医、藏医、回医、苗医等都有项目入选各级《非物质文化遗产名录》，但有些更加细微的医疗领域，并没有得到很好的关注，应该成为今后申报工作的重点。

六 "传统体育、游艺与杂技"中哪些项目可以优先申报?

中国传统体育、游艺、杂技种类繁多,但作为非物质文化遗产申报项目,我们遴选的并不是日常所见的各种赛事中出现的体育项目,而是历史悠久、所剩不多的"遗产"级体育项目。在申报上,应遵行以下基本原则。

(一)具有各种拿手绝活儿者优先

在中国历史上,祖先为我们留下了许多包括沧州武术、少林功夫、蒙古式摔跤、吴桥杂技等具有地标性质的独门绝活儿,那么,在其他地区,特别是地处偏远的少数民族地区,是否还存在类似的独门绝活儿,应该成为我们下一步申报传统体育类遗产工作的重中之重。

(二)具有重要历史认识价值者优先

非物质文化遗产的最大价值是它的历史认识价值,这是因为这些遗产本身,就是中国体育史的重要组成部分。有些项目随着历史的发展,真正能留到现在的已经所剩不多——如山东的蹴鞠、河北的沙河藤牌阵、新疆塔吉克族的马球,等等。作为中国体育史上的"活化石",对于我们研究中国体育进化史,具有重要的史料价值,应该成为今后申报工作的重点。

（三）具有明显原生性质者优先

武术是中国体育类遗产的重要组成部分。它存量大，分布广，值得关注。但在这超大存量中，百分之九十以上的武术项目都因进大学、进体校、进场馆而被改造得面目全非。举例来说，中国的传统武术是不需要配乐的，但要想参加比赛，必须配乐。但问题是这些配乐很难与传统武术的套路配合得天衣无缝，万般无奈之下，传统武术只能根据配乐的节奏改变自己的套路。同样，传统武术一旦进入学校，也会因教学时长的问题，美观好看的问题，而被改得面目全非。从遗产保护层面看，尽管中国传统武术欣欣向荣，但实际上真正能原汁原味将精髓传承下来者，确实已属凤毛麟角。

我曾带领几位武术界高手拜访过居住在河北胜芳古镇的几位武术世家，观看后，这几位高手告诉我：这是他们第一次看到"真东西"。他们说，自己从小到大，学的多半都是改编改造过的东西，且自以为是，以为得到了"真传"。但不比不知道，看到"真东西"后，他们才突然意识到从学院那里学到的多半只是个华而不实的"花架子"。真正的好东西，全在原来的套路里。

为保护好中国传统武术的纯正血脉，我们特别强调在今后的申报工作中，一定要将那些尚未被学院化、艺术化、表演化、舞台化的、深藏民间的传统武术项目发掘出来，并以进入《名录》的方式，使之得到更加精准的传承。

七 "民俗"中哪些项目可以优先申报？

在文化和旅游部非物质文化遗产分类体系中，"民俗"的范畴十分广泛，它既包括传统生产知识与技能、传统生活知识与技能，也包括传统节日与传统仪式。因内容庞杂，故这四部分的申报要点需分别阐述。

（一）传统生产知识的申报要点

1. 独具地方特色者优先

通过保护地域文化的独特性，进而实现保护人类文化的多样性，是非物质文化遗产保护的永远追求。在生产知识方面，那些极具地方及民族特色的传统生产知识与技能——如新疆的坎儿井挖掘技术、山陕地区的淤地坝造地技术、蒙古族的良马选种技术、满族的鹰犬捕猎技术等，都应该成为我们的关注重点。在良种培育方面，那些独具民族特色及地方特色的选育——如彝族、苗族通过斗牛选择良种的传统畜种选育方式，北京皇家金鱼通过无数代繁殖、挑选，最后根据人们对金鱼形成的最终审美而形成的金鱼优良品种选育方式等，都反映出了人类在传统生产知识方面所形成的深厚积淀。

2. 代表古代最高生产成就者优先

在中国古代农耕文明史上，我们的祖先创造了丰富多彩农业生产工具，有些技术虽然已经消失，但有些技术——如散落在各地的风车、水车制作技术，榨油、扎糖机械制造技术等，只要仍有活态形式，可以全员进入各级《非物质文化遗产名录》。

（二）传统生活知识的申报要点

传统生活知识泛指在漫长的历史发展过程中，劳动人民形成的一套与自身生活有关的知识与技能。这类遗产具有一定的普泛性，已经成为普通百姓日常生活的重要组成部分，从这个角度来说，即或不去申报，也不会立即消失。申报这类遗产的目的有二：一是唤醒普通大众的文化遗产保护意识，让他们知道即或自己天天在做的东西，也是一个国家的优秀传统；二是提醒广大社会，让更多的人知道这些遗产所具有的科技含量，进而对这笔遗产进行更加深入的研究、挖掘和利用。韩国政府将普通民众人人在做、人人在吃的泡菜申报为人类非物质文化遗产，不但提振了韩国人的民族精神，同时也有效地推动了韩国文化"走出去"的国家战略，就是一个很好的启示。

传统生活知识更像是文物鉴定中的"杂项"，涉及衣食住行方方面面，只要与日常生活有关，又没有被纳入其他遗产类型，都可纳入该申报范畴。但在汗牛充栋的传统生活知识中，我们又应如何选择自己的申报项目呢？此类遗产的申报可以重点考虑两个方面。

1. 具有一定科技含量者优先

传统生活知识与技能类遗产看似乱乱糟糟、零零碎碎，实际上，有很多项目都是具有很高的技术含量的。如贵州省黔东南苗族制作出的酸汤，白酸汤色清亮、气味清香、滋味醇酸回甜且含稻香；红酸汤色鲜红、气味清香、滋味醇酸微辣，而且还具有独特的膳食功效。贵州《凯里酸汤鱼制作技艺》申报书是这样说的："凯里酸汤含丰富的乳酸菌，可保持肠道微生态平衡，增进人体健康及预防消化道疾病的功效，含有多种维生素、矿物质和人体所需的8种必需氨基酸。酸汤鱼的蛋白质不但含量高，而且质量也佳，人体消化吸收率可达96%，鱼的脂肪为不饱和脂肪酸，能很好地降低胆固醇。"有些项目看似简单，但却有着独特的用途。如蒙古族的风干肉制作技术，从制作工艺看，该项目并没有多么高深的技术含量，但这种独特的加工技术，却为高蛋白、高脂肪、便于携带的方便食品的制作，开启了一个重要的思路。历史上农耕民族不善远征，是因为解决不了大军的粮草问题，而蒙古大军之所以能打到地中海沿岸，主要原因有两个：其一是马匹提供了很好的快速前进能力，其二是便于携带的蒙古族风干肉成功地解决了运输不便的粮草问题。

2. 极具濒危性质者优先

传统生活知识与技能活在普通百姓日常生活中，人们已经感知不到它的存在，很难唤起民众对它的保护意识，故有很多遗产项目已经步入灭绝的边缘。如甘肃省武威市羊羔酒烧制技术，便是其中最典型的一例。如果能将这些即将消失的文化类型发掘出来、保护起来，不但能丰富中国的酒文化类型，同时也能为中国酒文化的发展，独辟出一条无人走过的蹊径。类似项目还有很多，譬如我们在湖南发现的"周礼古宴"，在海南发现的绯染技艺，都属极濒危项目，应加紧保护。

（三）传统仪式的申报要点

传统仪式类遗产在申报时，应重点考虑以下三方面问题：一是看该项目是否具有重要的历史认识价值，二是看该项目是否具有重要的现实意义，三是看该项目是否具有重要的艺术价值。

1. 具有重要历史认识价值者优先

由于种种历史上的原因，目前，我国真正能传承至今的传统仪式类遗产已经所剩不多。因而，保护好这类遗产已经迫在眉睫。在申报项目的评价中，是否具有重要的历史认识价值，应该成为我们判断一个传统仪式是否有资格申报非物质文化遗产的重要标准。

2. 具有重要现实意义者优先

我们所说的"现实意义"，是指该仪式所反映出的传统信仰是否有利于人类社会和谐关系的建设？是否有利于人类社会的快速发展？是否有利于人与自然环境的和谐共生？这也是判断一个传统仪式是否值得保护的一个十分重要的社会标准。从内容看，传统仪式主要有两大功能：其一是以仪式这种强化的方式来调整人与人、人与社会之关系。如传统的祭祖仪式，无论是祭祀民族祖先、氏族祖先、家族祖先，还是行业祖先，目的就是想通过这样一种强化方式，巩固业已存在的参祭人之间的业缘关系、血缘关系，这对于增强参祭人的家族意识、亲族意识、民族意识、行帮意识等群体意识，这对于家族和谐、行业和谐、民族和谐等，无论如何都是十分重要的。除强化人际关系外，许多传统仪式在调整人与自然之间关系的过程中，也发挥过重要作用。如摩梭人的转山节、鄂伦春人的山神祭祀、藏族人的神山祭祀、白族的绕山林仪式，也都在不同程度上，强化了人与自然和谐共处的关系，并由此推动了人类对赖以生存的自然环境的保护。没有这种传统信仰及其仪式，上述地区的自然环境是不可能得到如此周全而有效的保护的。

3. 具有重要艺术价值者优先

从形式上看，传统仪式是否承载有丰富的传统文化表现形式（如歌舞、戏曲、曲艺、史诗），是否传承有大量的与仪式有关的传说故事，在仪式的准备过程中是否还使用了大量的非常传统而高超的传统工艺，这些内容都应该成为我们判断一个传统仪式是否具有申报资格的重要尺度。

（四）传统节日的申报要点？

1. 原汁原味传承至今者优先
2. 保留有丰富文化内涵者优先

例如，已经被列入国家级非物质文化遗产保护名录的除夕，从其规模来看，只有短短的十几个小时，但就在这十几个小时中，它却为我们保存或是传承下了独特的除夕年夜饭的制作技术、各种祭品的制作技术。同时，通过贴门神、贴春联、挂春桃、放爆竹、跳傩舞等一系列民俗活动，还为中国最古老的绘画艺术、雕刻艺术、书法艺术、表演艺术、烟花制作艺术以及形形色色的娱乐活动的传承，提供了广阔的活动空间。

3. 独具地方特色者优先

保护非物质文化遗产的最终目的是保护人类文化的多样性，但保护人类文化的多样性必须从保护地域文化的独特性做起。所以，在申报非物质文化遗产过程中，越是具有地方特色者就越应该优先申报。

4. 具有重要现实意义者优先

我们要保护的节日遗产应该充满着满满的正能量，具有重要的现实意义。保护好这些传统节日，不但可以弘扬民族的道德精神与民族文化，带动"假日经济"，缓解身心疲劳，同时还可以通过各种各样的节日仪式，增进人们的家族认同、氏族认同、民族认同直至文化认同，以使我们更好地处理好人与人的关系、人与自然的关系。总之，当传统节日在当地物质文明、道德文明、文学艺术等方面仍发挥重要作用者，比较容易入选非物质文化遗产名录。

相反，那些丰富的文化内涵及多彩的艺术表现形式已经丧失，从内容到形式已经不再原汁原味者，或是这些传统节日已经被政府接管或者已经进入商业操作者，是不能申报非物质文化遗产的。

八 怎么看待申报项目中的"迷信"?

作为祖先留给我们的一份遗产,非物质文化遗产更像是一条流动的河,从远古流淌到今天,在它们身上难免会残存有或多或少的往昔的痕迹。且不说那些无处不在的"俗信"成分,就是那些我们看似良俗的、非常值得保护的非物质文化遗产项目,也很难摆脱所谓"迷信"甚至"陋俗"的干系。例如历史上产生并一直沿袭至今的出生礼、婚礼、丧礼、奠基礼、龙舟竞渡,几乎都是从古老甚至血腥仪式的基础上发展起来的。对于这样一些"根不红、苗不正"的非物质文化遗产,我们究竟应该秉持怎样一种态度?是全盘继承、通盘否定,还是具体问题具体分析?我们认为,既然非物质文化遗产是历史的产物,我们就应该像正视历史一样来正视遗产。不论它来历如何,只要具有重要的历史价值、艺术价值、文化价值、科学价值、社会价值,只要对人类社会发展具有重要的借鉴意义和推动作用,我们就应该加以保护。这就要求我们在非物质文化遗产保护这个问题上,必须将"俗信"与"迷信"、"风俗"与"陋俗"严格区分开来。在思想解放的大旗下,保护好我们的每一份遗产。如果我们一定要揪住"迷信"的小辫子将它们一棒子打死,这些古老仪式所富含的各种文化遗产——节日饮食、节日服饰、节日装饰、节日娱乐、节日歌舞,也会随之消失。所以,在保护信仰类文化遗产过程中,我们必须权衡利弊,使那些优秀的文化遗产得到应有的保护,不要因为一些小的瑕疵而影响到非物质文化遗产保护的整体进程。

九　什么样的仪式不能申报非物质文化遗产？

仪式离不开政治，但对仪式的价值判断又不能不远离政治。否则，我们在对各种仪式做出价值判断的过程中，就会因为政治观念的导入，而忽略了仪式所富含的历史价值、艺术价值以及文化价值。说得再通俗一点儿，就是我们在评判一个传统仪式的基本价值时，不应以仪式祭祀对象的身份为前提，而是看该仪式在人类社会发展进程中究竟发挥过怎样的作用，到底承载有多少传统文化精华，具有多大的历史认识价值、艺术价值和文化价值。如果忽略了这一点，我们就很可能打着保护真仪式的幌子保护了假仪式，打着保护真古董的幌子保护了假古董。从这个角度来说，那些身穿民族服装厂统一制作的"民族服装"，手持戏校统一定制的演出道具，手中演奏着当代人创作的"传统乐曲"的祭祀仪式，那些已经被掏空了灵魂而只剩下了一个空壳的所谓传统仪式，即或确有根由，也不应成为我们的保护对象，更无权进入我们非物质文化遗产保护名录。至于那些已经进入名录，但又不甚完备的仪式，我们只能通过走访传承人、主祭人以及查找史料等方式，对其进行必要的文化修复。

十　如何确定传统节日传承人？

传统节日遗产的综合性、大型化，也给我们的申报工作带来许多问题。传统节日小则数百人，多则几十万人。节日中除有相应的核心仪式外，还有着为数众多的会档，而每个会档又由众多的老把式、老会首组成。对于规模如此庞大、参与者如此众多、表演项目如此丰富的非物质文化遗产项目，我们又将如何认定这类遗产的传承人呢？这类节日遗产的传承人究竟应该是当地政府、当地社火组织，还是主持节日仪式的巫师？

在讨论这个问题之前，我们需要澄清这样几个概念：遗产的传承主体、遗产的保护主体。所谓"传承主体"，是指某遗产在传承过程中，专门负责该遗产传承工作的具体传承人或传承群体。按一般规律，非物质文化遗产的传承主体一定是当地的某个个人（艺人、匠人或巫师），或是某个戏班，抑或是某个民间的社火组织，而绝对不会是某个地方政府或是某个旅游公司。按中国传统，历史上，地方政府和商家是不参与这类传承的。政府的工作，个是自接参与非物质文化遗产的传承，而是利用自己的优势，去鼓励、推动、扶持、帮助当地民间社会非物质文化遗产的自主传承。如果定位出错，政府越俎代庖，取代了传承人的传统地位，活生生的民俗就会变成死气沉沉的"官俗"，民间文化就会在政府的干预下变成毫无价值的官样民俗。

在明确了遗产传承主体、保护主体的关系之后，我们再来看一下传统节日传承主体的认定问题。如上所述，传统节日形式丰富、内容庞杂，除核心仪式有相应的执行主体外，还有各种各样的花会、戏班，众多传承主体的参与给传统节日传承主体的认定带来了一定困难。但在我们看来，这类大型节日活动，其传承主体不可能是某个人，甚至不会是某个团体，而应该是由若干个团体共同组成的那个群体。但出于联络上的方便，这类群体传承项目也应该指定一个自然人作为联络人。而这个联络人通常不会是普通的香客，甚至是某个花档的会首，而是那位传统节日核心仪式的主持人。这是因为前来赴会的各进香团体均为核心仪式而来，因此，核心仪式的主持人，理应成为该传统节日遗产的联络人。

十一 怎么看待传统节日或传统仪式中的巫师？

在少数民族地区，传统仪式的主持人通常都是由巫师来担当的。让他们来担当非物质文化遗产传承主体代表，会不会将遗产保护工作引向邪路？我们的回答是：

其一，这些仪式从远古流传到今天，给当地社会并未造成过任何负面影响。相反，它们在和谐人际关系、和谐人类与自然关系等方面，还发挥了相当重要的作用。历史应该对他们的行为给予正面的肯定。

其二，一般的非物质文化遗产传承主体都是由具有某一方面才艺的艺人或匠人担任。而这类仪式的主持者有时却很少有这方面的才气。既然如此，选他担当节日类遗产传承主体的代表，撇开意识形态不谈，在技术层面上似乎就已经出现了问题。在实际调查中，我们也确实发现过这样的问题。如在相对落后的传统农业社会中，因为仪式的需要，仪式的主持人或多或少还都能歌善舞，但到了相对发达的地区，仪式的主持人除会主持仪式、调动队伍外，几乎无任何"才艺"可言。但即使如此，我们也仍认为这些并无特殊才艺的传统节日仪式主持人应该成为传统节日遗产传承主体的代表。我们不能将对"才能"的理解仅仅局限于文学艺术这样一个狭小的范畴。"才能"是个相当广泛的概念,除上面所述狭义的"才能"外,他们出色的组织、调度、协调能力,也是一种"才能"的具体体现,所不同的是它们更趋于隐性。传统节日遗产更像是一出大戏,尽管台前幕后演职人员甚多,但要想演好这出大戏,关键处不在演员,而在导演,而仪式的主持人所扮演的正是导演这样一个角色。因此,传统节日类遗产传承主体的代表,理应是传统节日核心仪式中的主持人,这一点无须再辩。

十二　判别一个传统舞蹈是否还原汁原味的依据是什么？

（一）看演出场所

历史上，中国的传统舞蹈是不上舞台的。我们判断一个传统舞蹈是不是还在"原汁原味"传承的一个基本标志，就是看它是否已经登台。一般来说，凡是坚持在村落广场空地这类大型传统文化空间中进行演出的，至少在场地上是我们期望的"非物质文化遗产"，而已经搬上舞台进行舞台化演出的，很可能已经成为"转基因产品"。这是因为随着空间场所的改变、观众位置的改变、演出节奏的改变，以及演出时长的改变，这些舞蹈都会因上述情形的改变而发生很大变化，如因场所的改变，上场人数会出现明显的减少，队形会出现明显的变化，演出者的朝向也会因观众只坐在一面而发生明显的改变，舞台演出时长的限制，演出内容也会大幅缩水，这类已经完全"艺术化""舞台化""转基因化"了的、只能在舞台上演出的舞蹈，是不能申报非物质文化遗产的。

（二）看演出功能

传统舞蹈是有其实际的文化功能的。有些舞蹈是出于祭祖的需要而产生，有些舞蹈是出于祭神的需要而产生，有些舞蹈则是出于缅怀本族历史的需要而产生。功能不同,不仅表演场所会有差异,就是舞蹈舞步、舞姿、队形都会产生很大区别。如塔吉克舞蹈多做雄鹰展翅状,这是他们在模拟祖先图腾,怀念自己祖先;藏族舞蹈多作低头垂目状,那是因为他们祭神时不能直目神灵。如果演出时,没了这些特有的动作、舞姿,就说明这些舞蹈已经失去了其应有的文化功能,这种已经失去"灵魂"的舞台化演出,是不能申报非物质文化遗产的。

十三 艺术学出身评委在评审中容易出现哪些问题？

非遗中有大量内容与艺术有关。例如在第一批518项国家级非物质文化遗产项目中，与艺术因子有关的项目竟然能占到项目总量的75%左右。由于非遗与艺术密切相关，所以在非遗保护领域，从事艺术教学与研究者并不少见。这其中的绝大多数，都是长期从事田野调查并从内心喜爱乡土文化者。但有一点不能不说的是，尽管这些学人研究的是乡土文化，但他们所接受的却是长期的西方教育。如果没有正确的遗产保护理念，又缺乏对乡土文化价值的正确认知，仅仅是因为自己的研究对象被纳入非遗保护范畴而成为"非物质文化遗产保护工作者"，那么，他对非物质文化遗产的理解，很可能就会与真正的非遗保护工作者在理念上形成巨大鸿沟。在这部分人看来，非遗的真正价值不是"真不真"，而是"美不美"。在这种评价体系指导下，评审很可能就会变成"选美"。一些华而不实的"人造型"非遗项目，多半都是在这样一种错误的保护理念与评价体系下产生的。而一些艺术类非遗项目一旦进入保护名录，人们也会使尽浑身解数，按着自己对于"美"的理解，对非遗项目实施大规模改造。这一群体如果不从自己固有的学科意识中解放出来，原生态保护只能是一句空话。

十四　民俗学出身评委评审时容易出现哪些问题？

在非遗项目中，绝大多数项目都与民俗有关，所以，在中国非遗保护领域，原本从事民俗学研究的同人非常多。这批人常年从事田野，热爱民俗，更喜欢土得掉渣的乡土文化。发自内心的对于乡土文化的热爱，使得这些学者很少对民间文化指手画脚，更不会对这些非遗项目施手改造。与民俗学相关的从事民间美术、民间音乐、民间舞蹈、民间戏曲等领域的学者，基本上也都具有这个特点。而这对于确保非遗的原真性显然是大有好处的。但从另一方面看，民俗学（含人类学）从学理上并不排斥非物质文化遗产所产生的各种"改变"——无论是来自传承人的改动，还是来自政府、学术界的改动，在他们看来均属正常。因为民俗的五大特征之一，便是民俗的变异性。在他们眼中，学者的任务不是阻止这种改动，而是要努力观察、记录、分析这种变化与改动。而这便会带来一个问题——他们承认非遗在变，允许非遗在变，哪怕是传承人、政府或是其他外力对非遗所实施的各种改造，都在他们"容忍"的范围之内。"非物质文化遗产既要传承，也要创新"，几乎成为这一学术群体的普遍共识。在这一理念指导下，非遗要想做到原汁原味的传承显然是不可能的。非遗保护工作如果不从民俗学这一特有的学科意识中解放出来，原生态保护同样是一句空话。

十五　经济学出身评委评审时容易出现哪些问题？

从经济学角度去审视非物质文化遗产者多出现在经济学领域与领导层。在这些同志看来，非物质文化遗产都是即将消失的旧传统，要想起死回生，最有效的办法，就是引入市场机制，通过"走市场"，调动起传承人的积极性，激活传承人的传承动力。上述说法源于实践，故不存在太大问题。但一味强调"走市场"，但同时又没有意识到"走市场"有可能会出现的问题，问题同样也是显而易见的。

问题可能会出现在哪里呢？既然要"走市场"，就必须按市场规律办事。市场规律主要强调两个方面：一是经济利益的最大化，二是利益的及时兑现。前者强调的是通过一切办法萃取非物质文化遗产所具有的一切经济价值，后者强调的是通过各种办法尽快收回成本，萃取非物质文化遗产的所有经济价值。至于非物质文化遗产的原真性能否得到保护，通常都不是那些从事商业性经营的同人所能关注的（当然，那些真心热爱传统并想通过自己的努力，通过商业性经营以拯救民族传统于危难者另当别论）。于是，非物质文化遗产的原真性在市场经济的强力撬动下，很容易出现严重的扭曲和变形。

推动非物质文化遗产"走市场"通常会有两种模式：一是"商业化经营"，二是"产业化开发"。在很长一段时间里，人们常把两者当成一回事。理论上的混淆很容易导致实践上的失误：一是很容易将已经严重产业化的大机械化生产项目评为非物质文化遗产，二是很容易通过加大资金投入误将原本还有传统手工成分的非遗项目改造升级为大机械化生产，并直接导致这部分遗产的快速消亡。

那么，什么是"商业化经营"，什么是"产业化开发"？两者区别何在呢？

所谓"商业化经营"，是指将某种非物质文化遗产制成品作为商品而进行的商业化生产与经营。历史上，许多非遗项目之所以具有旺盛的生命力，原因即在于凭借着它能够养家糊口从而获得世代交替。历史上多数的传统手工技艺、传统表演艺术，都是通过"走市场"而传承至今的。对于这些项目而言，"走市场"是它的必然选择。但是，仅仅强调市场对于非遗传承的撬动力，同样会有它的问题。而其中最主要的问题，就是过分强调市场规律会给非物质文化遗产原真性带来的不必要的伤害。如为迎合市场需求，一些节目被改编改造；为迎合市场需求，一些传承人会抛家舍业、远走他乡，并最终导致本土文化的断流。可以说，如果仅仅从经济学视角看非遗，把非遗当成地方经济的"摇钱树"，后果相当严重。

当然，这只是那些顺应市场规律的非遗项目在"商业化经营"过程中所出现的问题。至于那些动辄对非遗项目实施产业化开发者，问题会更为严重。那么，什么是非遗的"产业化开发"呢？我们所说的非遗"产业化开发"，是指选取某种非物质文化遗产制成品为素材，并对其实施的成规模的大机械化生产。

非物质文化遗产到底能不能实施产业化开发？答案是肯定的。譬如开发商完全可以使用大机械化生产的方式生产些蜡染床单、刺绣被套，完全可以利用现代传媒技术将古老的传说故事改编成电影、电视。中国对于非物质文化遗产的产业化开发不是太多，而是太少，今后还会有相当长的一段路要走。但问题是非物质文化遗产是以传承传统手工技艺为己任的，如果传承人将作为非遗产业化"标配"的大机械化生产引入非遗传承体系，传统手工技艺就会在产业化过程中迅速瓦解。所以，传承人在非遗传承过程中切不可引入大机械化生产。对于传承人而言，产业化开发就是自掘坟墓。因为它所带来的不是传统手工技艺的复兴，而是传统手工技艺的死亡。现在我们的经济学家和地方领导之所以在非遗传承过程中强调大机械化生产，目的就是通过提高产值，增加地方收入，而传统手工技艺能否传承下来，根本不在他们考虑之列。而这种做法对非遗原真性影响最大。非遗产业化开发经济效益再大，也不应成为中国非遗保护的主战场。非遗产业化开发利润空间再大，也不应成为非遗传承的新任务。

当然，我们反对传承人对所传非物质文化遗产实施产业化经营，并不意味着别人——传承人以外的任何人，开发商、文化创意工作者——不可以以非遗为素材，对非遗实施产业化经营。如将苗绣图案做成高端壁纸，将苗族史诗改编成电影、电视剧，都是不错的选择。

十六　文物学出身评委评审时容易出现哪些问题？

文物学出身评委有他们的视角与立场。在他们看来，无论是物质文化遗产，还是非物质文化遗产，说到底在本质上它们都是"文物"。它们的最大价值不是经济价值，而是历史认识价值。它是我们认识古代文明、了解祖先历史的重要窗口。文物不能改，非物质文化遗产当然也不能改。一旦改动，便再无任何历史认识价值可言。但就目前而言，能从这个视角去看待非物质文化遗产者并不多见。中国的非物质文化遗产之所以常常遭受"保护性"破坏，显然与这股学术势力长期以来没有受到应有的重视有关。

当然，从文物学视角看非物质文化遗产，也有它的问题。非物质文化遗产与物质文化遗产尽管本质相同，都是重要的历史见证，但它们在存在方式、呈现方式上仍有很大不同。故而，一成不变地用保护文物的方式方法，去保护非物质文化遗产，显然会有它的问题。譬如近年来一些学者倡导的非物质文化遗产博物馆化，就很容易将"活文物"变成"死文物"，将"活遗产"变成"死遗产"。打个比方，在现实生活中，传统皮影都是以活态的形式存在于民间社会的。如果我们的保护方法只是将它们放进博物馆，装裱在镜框中，结果又会怎样？在现实生活中，皮影是需要表演的，进入博物馆后，皮影的表演艺术还有吗？皮影表演时是需要演唱的，放进博物馆后，演唱艺术还有吗？皮影演唱时是需要伴奏艺术的，放进博物馆后，伴奏艺术还有吗？都没有了。这个故事告诉我们，保护非物质文化遗产首先要选对方法，方法错了，保护就会变成破坏。毕竟非物质文化遗产是以活态形式传承至今的，如果我们无视了这一规律，只是为了方便、为了凸显政绩而将它们雪藏起来，这显然是不对的。从这个角度来说，文物工作者在介入非物质文化遗产项目评审时，一定要在是否还在"活态传承"上把好关口，千万不能因为项目有重要的历史认识价值，而把物质文化遗产收录进《非物质文化遗产名录》。

十七 文物学出身评委的加入会给非遗评审带来什么好处？

正如大家所知道的那样，物质文化遗产和非物质文化遗产尽管本质相同——都是祖先留给我们的一笔精神财富，但在形式上毕竟是完全不同的两码事。但从长期的非遗保护实践经验看，有文物专家的加入，特别是在非遗评审的过程中有文物专家的加入，优势也是十分明显的。为什么这么说呢？道理很简单：与艺术学、民俗学、经济学相比，他们的加入更容易使我们认清非物质文化遗产的本质特征、独特价值，也更容易为非物质文化遗产的保护与传承，提出更为清晰也更为科学的方法与思路。

首先，在对非物质文化遗产本质的理解上，他们的理解更为透彻，也更为准确。他们会认为无论是物质文化遗产，还是非物质文化遗产，都是历史的一部分，都是一个民族稀缺的、不可再生的传统文化资源，所以要精心保护而慎谈开发。

其次，在对非物质文化遗产价值的理解上，他们会明确地告诉人们，非物质文化遗产的评价标准不应该是"美不美""贵不贵"，而是"真不真"。非物质文化遗产学的基本价值只有一个：它的历史认识价值。即或在非物质文化遗产上还附着有包括艺术价值等其他价值，那也多半是指在帮助人类认识史上的艺术过程中，所呈现出来的独特的艺术认识价值。

最后，由于遗产观、价值观不同，文物学家的加入还会帮助我们在非遗保护原则、保护理念上有一个较大提升。如既然文物学家会从遗产学视角出发，认为非物质文化遗产是一种宝贵的不可再生的文化财富，是我们认识祖先历史与人类文明的不可多得的重要窗口，他们就会特别强调对非物质文化遗产实施最严格的原真性保护。在他们看来，一旦改编改造，不再是历史上原有的东西，非物质文化遗产自然也就失去了它作为"遗产"所应具有的历史认识价值。而这一点，正是艺术学出身、民俗学出身，或是经济学出身的学术同人们所欠缺的。

十八　非遗学出身评委是怎样看待非遗项目的?

从非物质文化遗产学视角出发,人们更容易将非物质文化遗产视为人类在历史上创造,并以活态形式原汁原味传承至今的,具有重要历史认识价值、文化价值、艺术价值、科学价值与社会价值的表演艺术类、工艺技术类以及节日仪式类传统文化事项。

从理论上说,非遗学家在非物质文化遗产准入标准的设定上是非常严格的。在他们看来,非遗一定是人类在历史上创造,并以活态形式原汁原味传承至今的。这是非物质文化遗产具有历史认识价值的前提和条件。如果不是在历史上产生,或者不是以活态的形式原汁原味传承至今,都不可能具有独特的历史认识价值。

其一,非遗学家特别强调非物质文化遗产的历史认识价值。为确保它的历史认识价值,非物质文化遗产学家特别强调保护对象的真实性。但是,他们并没有简单地将物质文化遗产保护中的真实性原则原封不动地套用过来。在他们看来,物质文化遗产与非物质文化遗产尽管在本质上是相同的,但在存在方式上毕竟还有很大的不同。无论是舞蹈、戏曲,还是木雕、石雕,每次演出或是每件成品的制作,都会呈现出某种差异，所以，用"原真性"这一相对模糊的概念来取代物质文化遗产中的"真实性"保护原则，更容易体现出活态遗产"真实性"所具有的某种弹性。

其二，为确保非物质文化遗产所携各种历史信息的完整性，非遗学家还特别强调非物质文化遗产的整体性，并明确反对将非物质文化遗产从原有生态中剥离出去的做法。

其三，由于非遗学家意识到了非物质文化遗产的稀缺性，所以，濒危遗产的优先保护也一直成为他们抢救非物质文化遗产的行动指南。

其四，由于遗产学家已经意识到了非物质文化遗产传承人的重要性，故明确提出了"以人为本"原则。

其五，由于非遗学家已经意识到非物质文化遗产是以活态形式原汁原味传承至今的，故而特别强调活态保护的重要，并明确提出了"活态保护原则"。

上述原则的设定，为非物质文化遗产原真性保护奠定了坚实的理论基础，确保了非物质文化遗产所应具有的历史认识价值。

四、申报填写篇

一 如何填写"项目名称"？

在申报国家级非物质文化遗产项目时，其"项目名称"应与省级名录里该项目所列名称一致。这是因为在评审时，首先要验证这个项目是否已经是省级非物质文化遗产项目，倘若不是省级非物质文化遗产项目，自然也就没有资格申报国家级非物质文化遗产。

为突出项目的地域属性，并与同类型的其他项目有所区别，填写格式尽量统一为"地域名＋非物质文化遗产项目名"。如"韩庄村音乐会"，"音乐会"是该项目（即这个乐社）的名称，"韩庄村"是这个乐社所在村落的名称（地域名），这样就能够很清晰地把这个非物质文化遗产项目与其他同类非物质文化遗产项目区别开来。

"项目名称"一般要遵从"名从主人"的原则，即当地老百姓把它叫什么、我们就把它叫什么，不要另起别名。如当地老百姓称该项目为"韩庄村音乐会"，我们就不能改称为"韩庄村古乐"。因为"韩庄村音乐会"这个名称历史悠久，并承载有深厚的民间信仰，一旦改成"××古乐"这样一个崭新而时髦的名字，历史感没有了，文化底蕴没有了，作为地域文化重要载体的民间乐社，就会因为文化属性与社会功能的丧失，变得一文不值。

属于传统技艺类的非物质文化遗产项目，在填写项目名称时，一定要加"技艺"二字做后缀。例如"金华火腿腌制技艺"，在填写项目名称时不能只写"金华火腿"，因为"金华火腿"只是一种产品，我们要保护的是制作这种产品的技艺。

有时在确定项目名称时，还要有意识地突出一下流派，如古琴艺术、京剧表演艺术这类历史悠久的传统表演艺术，由于地域的不同，师承渠道的不同，传承曲谱的不同，在表演风格等方面有着很大的不同，并由此形成不同的流派。如古琴中的浙派、虞山派、广陵派、浦城派、泛川派、九嶷派、诸城派、梅庵派、岭南派等，京剧旦角方面也有梅派、程派、荀派、尚派四大流派的说法。既然这些项目风格不同，在申报时，就应在"古琴艺术"或"京剧"之前，明确标识出该项目所属流派，如"广陵派古琴演奏艺术"或"京剧梅派表演艺术"等。

有时，省级非物质文化遗产项目的名称本身就有这样或是那样的问题，在没有经过一定程序对这些名称进行修改时，在申报国家级非物质文化遗产项目时，也只能按照省级非物质文化遗产名录的原有名称进行申报，否则初审时就会因与省级非物质文化遗产名录名称不符而被淘汰。这类问题不少，有待相关部门统一解决。

二　如何填写"推荐单位"和"填表日期"？

  这里所说的"推荐单位"，与以往表格在同样位置上出现的"保护单位"是有区别的。申报国家级非物质文化遗产项目时，"推荐单位"是指这个项目的省级文化和旅游行政主管部门或中央和国家机关部门，如"福建省文化和旅游厅"，或"中国艺术研究院"等。

  "填表日期"在封面页的最下方，其年份是已经填写好了的，月、日两部分应按实际填表的时间来填写，注意要使用中国数字，而不是阿拉伯数字，如"二〇二〇年三月四日"。

三 如何理解申报页中的"注意事项"?

在填表前,这一页的内容一定要认真学习,以避免出现与填表要求不符的错误。

(一)首先说明了封面"项目类别""项目代码"按什么标准填写。

(二)告知国家级非物质文化遗产项目的推荐单位应该是省文化和旅游行政主管部门或中央和国家机关部门。

(三)告知本推荐申报书的下载方式——可在文化和旅游部网站"公告通知"栏下载。同时还告知本申报书各栏目要用仿宋 GB2312 小四号字体填写,不得扩展("列入地方名录情况"除外)。也就是说,一定要按照严格的字体、字号、字数要求填写表格,不要出现随意扩展表格的情况。

(四)告知本表格内容一律在计算机上操作填写(除签字盖章部分),填写内容应真实、准确、简练,凡弄虚作假者,一经发现,即取消申报资格。如果有人因为不熟悉电脑操作而在纸上填写,也要在填写后重新录入电脑。文本录入完毕,检查无误后,再打印出来签字盖章。真实、准确、简练是对填写工作的基本要求,不弄虚作假是填写工作必须坚守的基本底线。

四 如何填写申报书中的"项目基本信息"?

这一部分有"项目名称""申报地区或单位""列入地方名录情况""涉及民族""是否多国共享""基本内容""分布区域""所在区域及其地理环境""历史渊源""主要传承人、传承群体""主要特征""重要价值""存续状况""相关实物及文化场所""项目总体概况",一共有15个栏目。

(一)"项目名称"

这里的"项目名称"要与封面页相一致,也要与省级非物质文化遗产项目名称一致。

(二)"申报地区或单位"

其一般格式为"××省××市××县",即要说明这个非物质文化遗产项目所在的省、市、县。它的意义在于从地理学的角度,为该项目做出明确的坐标定位。

(三)"列入地方名录情况"

由上至下,分别列出这个项目被正式列入省、市、县三级非物质文化遗产名录时的名称、类别、列入时间。一般来说,除列入时间会有先后差别(县级最早,然后是市、省)外,名称和类别这两项应该是一致的。该项目被正式列入省、市、县三级非物质文化遗产名录的准确时间,要查阅相关资料,单凭主观印象往往容易搞错。

(四)"涉及民族"

如果该项目只涉及一个民族,就只填写一个民族;如果涉及多个民族,需要一一列举,并根据相关度依次排序,将主要民族列在首位。

(五)"是否多国共享"

如不是,填"否";如是,填写已知的涉及国家或地区。

五 如何填写申报书中的"基本内容"?

"基本内容"这一栏,要描述该项目的具体实践方式和表现形式,以及与该项目相关的知识和技能是如何一代代传承下来的。

在字数上,这一栏要求不少于200字,不多于400字。请务必注意字数不要超限,因为根据这次申报工作流程的规定,全部表格的内容要经由各省的工作人员一一上传到网络上,字数超出,无法上传。例:

> 同口村音乐会属于冀中音乐会的北乐支系,演奏时所使用的有调乐器有小管、笙、笛子、云锣,打击乐器有鼓、钹、铙、铛子、板(小钹)。所演奏的曲目都是历史上传承下来的古老曲牌,如〔挑袍〕〔大凉州〕〔小凉州〕〔赶子〕〔醉太平〕等,共40余首。其演奏风格古朴端庄,速度徐缓,典雅大气。
>
> 音乐会不仅是一个乐队,同时还是一个乡村公益组织。同口村音乐会要在春节期间的祈福迎祥、农历四月十八泰山奶奶庙会和民间葬礼等仪式活动中应邀出演,而且这些仪式演出都是义务性的,不收取任何费用,故

也被当地村民称为"善会""圣会"。在这些仪式活动中的演奏形式主要有坐坛、踩街两种。

音乐会的传承靠口传心授,老乐师先教学员们念唱工尺谱,把曲牌背熟后,才能在乐器上按声寻字。在当代社会,村民生活已经发生巨大改变,年轻人多外出打工,音乐会的传承遭遇危机。目前,他们以召集本村小学生入会等方式培养新学员,较好地解决了该项目后继无人的问题。

这段文字摘自河北省雄安新区安新县同口村音乐会的国家级非物质文化遗产申报书,该申报书"基本内容"一栏共用三个段落、388个字符来描述该遗产项目的具体实践方式、表现形式和传承方式。第一段重点介绍这个民间乐社的乐种类属、乐器使用、演奏曲目和音乐风格;第二段重点介绍这个乐社的文化性质、所参加的仪式活动和主要演奏形式;第三段重点介绍该乐社的传承方式,在当代社会遇到的传承难题和局内人的应对方式。三段文字言简意赅地描绘了这个乐社的基本情况。

六 如何填写申报书中的"分布区域"?

描述该遗产项目的分布信息,要明确到具体的省、市、县,不少于200字,不多于400字。

关于这部分内容,如果简单地只写出这个项目存在于哪个省、市、县,显然是难以达到至少200字的要求的。因此,要从这个项目大的类属在全国的分布情况谈起,由大到小地说到该项目的具体分布(活动)区域,既要描述这个项目的宏观分布,又要具体地谈到该项目的分布区域和其影响所及的范围。例如:

> 舞狮是中国农村广泛存在的一类民间传统舞蹈形式,在历史的发展中又分为南狮、北狮两大流派,多在年节和喜庆活动中表演。南狮的分布区域主要集中在以广东为中心的广大南方地区,北狮则盛行于中国长江以北的广大地区。
>
> 河北省是北狮表演艺术的代表性地域,各地都有在传统节日及盛大活动中舞狮的传统。保定市徐水区北里村的狮子会是一个历史悠久的民间花会,历史上,仅在本村及周边村落演出。中华人民共和国成立后,北里村

狮子会参加过全国第一届民间音乐舞蹈汇演、赴朝慰问志愿军等活动,在当地有一定影响。改革开放后,他们又自发地走上了以艺致富的商演之路,演艺足迹遍及大半个中国,甚至多次走出国门,为宣扬中国文化做出了重要贡献。

这段文字是笔者根据河北省保定市徐水区北里村狮子会的情况,模拟撰写的一段描述"分布区域"的文字,在这里我们共用了两个段落、280个字符来描述该遗产项目的分布区域情况。第一段重点介绍"舞狮"这种民间舞蹈在全国的流派划分及分布情况;第二段重点介绍北里村狮子会的传统活动范围,最后介绍中华人民共和国成立后及改革开放后北里村狮子会的发展情况。

七 如何填写申报书中的"所在区域及其地理环境"?

描述该遗产项目所在区域的行政建制情况,以及与该遗产项目相关的地理、气候、土壤、动植物、交通等环境特点,不少于 200 字,不多于 400 字。这个栏目的内容,基本上属于文化地理学范畴。就像植物生长需要一个它所喜欢的环境一样,一种文化现象的产生也必然有一个它所喜欢的环境。那么,为什么这个项目会产生在这里?这是本栏目需要说明的问题。例如:

> 沙县位于福建省中部,总面积 1815 平方公里,总人口 26.3 万人,下辖 6 镇 4 乡 2 个街道办事处。
>
> 沙县气候适宜,土壤肥沃,在拥有耕地 19.38 万亩的同时,拥有林地 222 万亩,森林覆盖率高达 75.9%。优越而独特的自然环境,使这里成为中国重要的商品粮种植基地。沙县盛产的稻米、家畜、各种山珍野味,以及丰富的菜蔬资源,为沙县小吃的制作,提供了丰富多样的食材,奠定了重要的物质基础。
>
> 历史上,沙县是南北交流与东西交流的重要节点。

横贯全境的沙溪,既连通闽西北,又连接闽东南,是沙县东西交流最重要的水路通道;而纵贯南北的客家迁徙古道,又是沙县南北交流最重要的陆路通道。作为历史上重要的水陆码头,发源于此的沙县小吃,一方面为南来北往的商贾游人提供了形式多样的快餐小吃;另一方面,源源不断的商贾游客,也为沙县小吃技艺的交流与提升提供了可能。

这段文字共用三个段落、342个字符描述了福建省沙县"所在的区域及其地理环境"。第一段重点介绍沙县的行政建制、方位、面积、人口及村镇数量;第二段重点介绍沙县的自然环境、地理、土地资源、气候及物产,从而为沙县小吃的产生埋下了伏笔;第三段重点介绍沙县丰富的陆路交通及水路交通资源,从而为沙县小吃的产生,埋下了人文环境的伏笔。从这里也不难看出,本栏目让你表述的是与该遗产项目有关的"地理、气候、土壤、动植物、交通"等环境因素,无关者可以不说,没有必要面面俱到,更不要人云亦云。

八　如何填写申报书中的"历史渊源"？

描述该遗产项目在历史上的流传情况，以及各历史阶段中的传承群体。项目传承的历史应至少追溯至百年或传承三代以上，传承脉络清晰，可提供以资佐证的历史资料，不少于 400 字，不多于 600 字。

许多民间文化形式往往没有现成的历史文献资料可以利用，其历史渊源情况需要局内人的口述。而口述的历史，特别是那些年代久远、当事人早已离世的早期历史，往往又会因人而异，不同的人会有不同的叙述，加之民间百姓在叙述自己文化时往往又会有某种演义的成分，所以，要想把民间文化发展史钩沉出来，事实上是很难的。这就需要表格的填写者进行多方调查，并在一些可以寻找到的村落史料、可以证实该项目历史的相关实物证据的基础上，调动起自己的历史知识储备，结合该项目历史发展的大的规律，去伪存真，做出合乎逻辑的、接近于历史真实的判断、解释和陈述。

在填写上述内容时，切忌轻信调查对象的胡言乱语，切忌没有任何根据的杜撰历史，切忌个顾历史发展规律的胡编乱造。要做到尊重历史、尊重事实、凭证据说话。在以往的填写工作中，这栏内容所出问题最多，这里面既有表格填写

者个人认识能力、表达水平的问题,也有因为某种功利性目的而故意杜撰的问题。例如:

> 同口村音乐会的早期历史较为模糊,现在能够回忆来的老乐师,有清末的贾明、民国初期的陈品荣等人、民国后期的王新征等人。民国时期村里的武术会和音乐会去得最多的地方就是老河头村庙会。会里至今存有"濡阳(民国以前安州城的别名)同口音乐会"字样的老会旗,由此大致可以判定这个乐社至少在清末就已经存在了。1959—1962年经济困难时期,村民生活艰难,音乐会也停止了活动。"文革"时期,音乐会更是作为"四旧"遭到了禁止,老云锣等乐器被毁坏。
>
> 20世纪的1982年前后,同口村音乐会在村北与村东分别复兴。村东(二村)音乐会的老前辈王新征连学员共组织起40多人,其乐器组合较为完备;村北(四村)以陈蕊老乐师为首组织学员10多人,以打击乐为主。1990年前后王新征去世,陈蕊在1995年将村东与村北两组乐人合并。后因陈蕊年事已高,2003年至2016年音乐会请三村的高文芝担任音乐会会长,期间音乐会有起有落。
>
> 2016年在外经商返乡养老的韩峰接任会长,音乐会再度兴盛。自20世纪80年代音乐会复兴以来,因社会

环境变化，村里中元节放花灯的仪式早已不存，音乐会参加的丧礼仪式也有减少，但新增了农历四月十八泰山奶奶庙会和五一、十一等节庆活动的演奏。2009年7月，同口音乐会被列入河北省第三批非物质文化遗产名录。现在这个乐社连学员有40人左右，老树新枝充满生机。

在同口村音乐会"历史渊源"的文字表述中，填写人共用了三个段落、527个字符描述了该遗产项目的"历史渊源"。第一段重点介绍该乐社从清末到民国时期的历史，从局内人的口述、现存清末时期老会旗等物证，得出这个乐社至少在清末就已经存在的结论，真正做到了有一分证据说一分话；第一段后面至第二段的全部，讲的是20世纪60年代至21世纪10年代的同口村音乐会的传承情况。由于见证过这段历史的当事人尚在，多方访问、综合判断，不难陈述清楚；第三段重点介绍该音乐会在当下的传承情况，这些情况是填表人的亲历，材料扎实可信。

在这个乐社所提供的申报材料中，写有"濡阳（民国以前安州城的别名）同口音乐会"字样老会旗的照片，作为申报材料的附件一并提交上级有关部门，以资佐证乐社的早期历史。

例如，在《葫芦制作技艺》中，申报人是这样填写该项

目的"历史渊源"的:

> 葫芦种植在我国已有 7000 多年的历史,文玩葫芦的加工技艺至少也有 1000 年以上的历史了。葫芦种植和加工体现了人类创造力,中国不少传统文化也都是从葫芦中孕育出来的,因此,漂亮的葫芦也自然而然地成了中国传统文化与传统艺术的重要载体。
>
> 清朝中后期至民国年间,在天津等地盛行融合了"儒释道"三家教义的民间宗教"理教",天津人称理教信徒为"在理儿"。信徒不拜菩萨、拜葫芦。葫芦庐也随着这种民间宗教的传播发展起来。
>
> 在天津,赵氏所传葫芦种植与加工技艺至少已有百年以上的历史。据赵伟回忆,赵氏葫芦制作技艺的创始人叫赵锡荣,相传在清光绪年间,他便在宝坻一带种植葫芦,而天津,便是他的加工基地和销售基地。此后,他的子孙继承了这份颇有些含金量的祖产,并在此基础上发扬光大。继第一代传承人赵锡荣之后,第二代传承人赵广玺,第三代传承人赵学义,第四代传承人赵伟,第五代赵珈莹、周世珍、吴云婷等,一直继承着这份祖产。说它是赵氏家族的祖传,一点儿都不过分。而且,他们不但越传越好,而且名气越传越大。就拿眼巴前儿的文玩葫芦制作技艺传承人赵伟来说,他不但是联合国教科文组织授予的"国际民间艺术家",同时也是中国民

间文艺家协会葫芦文化专业委员会主任。可以说在文玩葫芦制作领域，他已然是响当当的领军人物了。

在这个项目的"历史渊源"中，填写人用了三个段落、525个字符，详细地描述了赵氏家族葫芦制作技艺传承的"历史渊源"。第一段重点介绍葫芦种植技艺在中国的悠久历史和由此形成的丰富多彩的葫芦文化，成功地吸引了评委的眼球，并让评委对这么个并不起眼儿的小项目另眼相待；第二段简要地介绍了天津葫芦业兴起与宗教信仰的关联，从而使该项目成为有源之水、有本之木，为葫芦文化是天津地标文化之一的定位埋下伏笔；第三段系统地介绍了赵氏家族从种植范制葫芦到制作葫芦工艺品的发家过程，并对数代传承人做出了明确交代，成功地暗示我们：这是一个历史悠久、传承有序的项目。这又让该项目朝着成功的方向向前大大地迈进了一步。而最后联合国教科文组织的授牌，和中国民间文艺家协会葫芦文化专业委员会主任的身份，又为该项目的通过起到了很好的助力作用。申报书语言平实，没有一句溢美之词，但它已经打动了评委。

九 如何填写申报书中的"主要传承人、传承群体"?

重点介绍当前与该遗产项目活态传承有着直接相关的主要传承人和传承群体,以及他们在该遗产项目传承和实践过程中所发挥的特定作用和他们的特殊职责,不少于400字,不多于600字。

2019年版国家级非物质文化遗产申报书要求"主要传承人、传承群体"这一栏要重点描述"当前"仍然健在,并仍然从事这个项目传承工作的传承人。对于这部分内容的介绍同样要实事求是,不得胡编乱造。有的人在填写这一栏时没有注意到这一点,还子虚乌有地编造出长达几百年的传承谱系,从而失去申报资格。

这一栏要重点介绍该项目传承人或传承群体的年龄、籍贯、师承,以及在该项目传承或实践中所发挥的作用、所负的责任。在先后排列上要体现出某种有序性,或按重要程度排序,或按时间顺序排序,或按辈分长幼排序。

例1:

孙新安,1956年生人,西塘镇礼庙村两湾人。1972年,他跟父亲孙阿培学习盘窑;2016年2月,被认定为第三批嘉兴市非物质文化遗产代表性传承人；2017年12月被认定为第五批浙江省非物质文化遗产（盘窑技艺）代表性传承人。全国多省市都有他盘制的窑口。2011年，孙新安前往俄罗斯、乌兹别克斯坦盘窑，将中国的手艺带到了国外。

孙华廷（孙新安的弟弟）从1988年起，先后跟父亲和哥哥学艺盘窑。2011年，孙华廷与哥哥一道起赴乌兹别克斯坦盘窑。由于他们工艺传统、手艺正宗，解决了很多盘制难题，所以他们盘的窑不但省柴，而且容量大，成品率高，多次受到用户的表彰和好评。

王福根，1949年生人，天凝镇洪溪三发村人。1965年，他跟随父亲王富云学习盘窑，1968年出师，成为"着蒲鞋师傅"（盘窑大师傅），到过多地盘窑。1978年，其弟王锦其跟他学习盘窑技艺，出徒后在安徽、江西等地盘窑。2016年2月王福根被认定为第三批嘉兴市非物质文化遗产代表性传承人。

王锦其，1962年生人，天凝镇三发村人，曾赴上海、平湖、余杭、衢州等省市盘窑。

沈文元，1951年生人；沈毓，1971年生；沈君，1974年生。3人均为天凝镇三发村人，曾赴安徽诸县盘窑20多座。

其他工匠：沈国庆（51岁）、孙华廷（56岁）、许荣林(70岁)、邱小连(64岁)、张文清(50岁)、张强(32岁)、张福林(58岁)7人均为西塘镇礼庙村两湾浜人,曾赴江西、安徽、湖南等省(以上为2019年时的年龄)。

这里所说的"盘窑",是指建造烧制砖瓦的窑口。这项技艺由于可以一人独立传承,所以被定为个体传承项目。所以,这里对每个传承人的介绍都是以个人的形式加以介绍的。介绍的排序以他们每个人在该项目中的重要性为基本依据,把省级非物质文化遗产传承人孙新安列在首位,其他代表性传承人依据他们在该项目中的重要程度顺次排列下来。其中的几位重要传承人,除记录他们的年龄、籍贯、师承关系外,还以精练的笔墨对他们的技艺特点、特殊贡献、影响范围以及在该项目中的重要程度等情况进行了描述。

例2:

> 同口村音乐会目前连小学员在内有40人左右,分老中青三代。现任会长是韩峰老先生,任伯五、韩国芬是新近批准的区级非物质文化遗产传承人,任伯五是头管兼音乐指导。
>
> 会里的老前辈以韩峰、韩树民为代表。韩峰出生于1945年,作为现任会长的他,过去常年在外经商,晚年告老还乡后,面对音乐会群龙无首的局面,承担起会长

的重任。他在团结全体乐师、加强音乐会与外部社会的联系、促进音乐传承方面贡献卓著;韩树民出生于1948年,早年随前辈陈蕊乐师学艺,会演奏多种乐器,目前是音乐会的鼓师。他的演奏沉稳大气,能较好地把控音乐的起落、速度和情绪变化。

会里的中年乐师以任伯五、韩国芬等人为代表,目前中年乐师有十多人左右,是音乐会的核心力量。韩国芬出生于1963年,早年随王新征老乐师学习笙的演奏技艺,2017年被评为保定市级非物质文化遗产传承人。他为会里的音乐传承尽心尽力;任伯五出生于1981年,目前是会里的头管乐师。任伯五在教授新乐手方面踏踏实实,为小学员工尺谱韵唱及各种乐器演奏的学习,做出了重要贡献。

会里的小学员以陈博岩、白世雄为代表,他们多是音乐会乐师的孩子。陈博岩出生于2004年,他是音乐会云锣乐师陈小涛的儿子,2011年入会后,随任伯五、韩国芬等学习吹笙,现在已经成为一名合格的笙乐师。白世雄出生于2003年,是任伯五乐师的外甥,目前在音乐会中负责笛子演奏。

同口村音乐会作为团体传承项目,它的传承与一般的个体传承是迥然不同的。在填写这类项目时,要在开篇处,先介绍出这个团体传承型项目的总人数,以及乐社的组织结构、传承人情况等;然后再按照老中青三代人的顺序,把乐社里每一代人中的代表性乐师做提纲挈领式的介绍。介绍的要点包括该传承人的生年、师承、职责、艺术特点以及在乐社中所起作用,等等。

在非遗分类中,有一类非物质文化遗产项目是通过个人来传承的。我们将这类非物质文化遗产项目统称为"个体传承型项目"。在填写个体传承项目时,要重点突出个人。这一点与团体或群体传承型项目是完全不同的。以天津"葫芦制作技艺"为例,他们在介绍传承人时,每辈儿基本上只提及师傅一个人:

> 创始人:赵锡荣(1872年—1954年)男,汉族,河北文安。他晚清到天津宝坻一带学习种植制作文玩葫芦,手艺比较全面,把技艺传给二儿子赵广玺。
>
> 第二代:赵广玺(1909年—1988年)男,汉族,河北文安。他从小学习葫芦制作技艺,为在理教专职制作葫芦,并把技艺传给义子赵学义。
>
> 第三代:赵学义(1944年—至今)男,汉族,天津人。他改进葫芦制作工具,研制出国内首台烙画机烙画笔,现在国内80%以上烙画使用的工具都是由葫芦庐提供的。此后,他将葫芦艺术品制作技艺传给儿子赵伟。

第四代：赵伟（1969年—至今）男，汉族，天津人，联合国教科文组织授予的"国际民间艺术家"、中国民间文艺家协会葫芦文化专业委员会主任、代表性传承人、宝坻区政协委员。他除跟随父亲学习手艺外，还师承香港"创意教父"荣念曾，掌握了数十种葫芦制作技艺，被世界纪录协会认定为"世界上掌握制作葫芦工艺最多的匠人"。其中的范制葫芦是他的拿手绝活儿。

第五代：赵珈莹（1992年—至今）女，汉族，天津人，宝坻区无党派人士、新的社会阶层代表，天津市民间文艺家协会授予最佳新星奖；李若兰女，汉族，甘肃省金昌市人；吴云婷女，汉族，浙江杭州市人；宋国峰男，汉族，重庆市涪陵区人；郑亚楠女，回族。北京市丰台区人等共计38人。

十 如何填写申报书中的"主要特征"？

负责申报的主管部门要求申报者在本栏目中，重点描述该遗产项目的核心要素和主要特征。字数要求：不少于200字，不多于400字。

在填写这一栏目时，要将这个遗产项目最核心的、最主要的特征做凝练的文字总结，并从几个方面进行阐述。需要说明的是，这里所说的"主要特征"，主要要从地域文化上的独特性、表现内容上的独特性、表现形式上的独特性，或是构成要素上的独特性、制作工艺上的独特性等角度，对该项目的独特性进行详尽的分析和解读。非物质文化遗产由于类型的不同，在"主要特征"上也会有很大的不同，但必须围绕该遗产项目的主要特征去展开陈述，这一点是不变的。

> 鲜明的地域特征：炸龙习俗历史上在贵州省铜仁市的德江、思南等县都有分布，20世纪80年代以后，炸龙习俗活动则主要集中在德江县县城，炸龙已成为德江人过年不可或缺的组成部分；
>
> 震撼的炸龙方式：在活动的所有程序中，德江炸龙以"炸和嘘（喷灼）"为主。舞龙人袒胸露背上阵，举着

彩龙上街"巡炸",临街商户则将已经备好的烟花爆竹,对准龙头、龙身、龙尾进行密集轰炸和猛烈喷灼,场面非常震撼;

丰富的民俗内容:千百年流传下来的德江炸龙,在制作技艺上包括了竹编、绘画、剪纸、印染等传统工艺,所扎龙头精致美观、高大雄壮。它既包含有丰富的民俗事项,又体现有文学艺术和游艺及杂技的活动;

广泛的民众参与:每年春节,全城居民不分男女老少,从正月初三起,自发组织,自筹资金,自愿参加,自编自舞,自玩自炸,场面壮观,气氛热烈。早先是以龙求雨,舞龙炸龙酬神,后来渐渐演变为酬神娱人,已成为约定俗成的节日。

贵州省铜仁市德江县民俗类非物质文化遗产项目"德江炸龙"在国家级非物质文化遗产申报书中,填写者用"鲜明的地域特征""震撼的炸龙方式""丰富的民俗内涵""广泛的民众参与",对该项目的主要特征进行了系统总结,归纳准确,言简意赅。

十一 如何填写申报书中的"重要价值"?

描述该遗产项目在历史、文学、艺术、科学等方面的重大价值,以及当代的文化意义和社会功能,不少于 200 字,不多于 400 字。

所谓"历史价值",既指该项目在推动历史发展过程中所呈现出的价值,也指该项目在帮助人类认识自身历史过程中所呈现出的认识价值;所谓"文学价值",是指该项目所展现出来的审美价值、娱乐价值、教育价值等文学所应具有的全部价值;所谓"艺术价值",是指该项目所表现出来的一个地方或是一个民族特定的艺术风格;所谓"科学价值",既指该项目在中国科技史上所做出的重要贡献,也指该项目在帮助我们认识科学发展规律过程中所发挥的独特作用。

我们以"凯里酸汤鱼制作技艺"为例,看看在国家级非物质文化遗产申报书中,该项目的"重要价值"是否可以这样谈:

> 历史价值:"凯里酸汤鱼制作技艺"代表了苗族人历史上"以酸代盐"的饮食传统,这对我们了解中国历史上无盐少盐时代的发酵型饮食文化,意义非凡。

科学价值：苗族长寿之人居多，其食酸特点证明了酸汤有维护人体酸碱平衡、开胃健脾的功能。他们总结出了一整套科学、系统的酸汤和酸汤鱼制作技艺。现代科学也证明凯里酸汤鱼无致病菌，不含有害物质，富含人体所需要的氨基酸、维生素、矿物质，酸汤中的有益菌群可调节肠道微生态平衡，同时还能促进人体健康。

文化价值：酸汤文化是苗族文化的重要组成部分，表现在苗族饮食文化的方方面面。如黔东南苗族的酸汤，从清澈度来分，有高酸汤、上酸汤、二酸汤、清酸汤、浓酸汤；以汤的味道来划分，有咸酸汤、辣酸汤、麻辣酸汤、鲜酸汤、涩酸汤等；以汤的原料划分，有鸡酸汤、鱼酸汤、虾酸汤、肉酸汤、蛋酸汤、豆腐酸汤、毛辣角酸汤、菜酸汤等。

经济价值：凯里酸汤鱼制作技艺是凯里苗族及其他民族世代相传的生活智慧，我们完全可以通过酸汤鱼产业链的建设，使酸汤鱼的生产，成为黔东南地区各族人民振兴乡村、脱贫攻坚的支柱型产业，让老百姓通过弘扬传统得到更多的经济实惠。

"凯里酸汤鱼制作技艺"的价值主要表现为历史价值、科学价值、文化价值和经济价值，作为制作技艺类项目，自然谈不上有什么文学价值或是艺术价值，可以省略不谈。

天津"葫芦制作技艺"项目的申报书是这样评价该项目的价值的:

一、历史价值

文玩葫芦制作技艺形成于唐,迄今至少已有1000多年的历史。赵氏所传技艺手法古老,沿袭了宫廷范制葫芦的老式做法,被称为是最具宫廷范儿的范制葫芦,这对我们了解中国历史上宫廷葫芦制作技艺,显然具有重要的历史认识价值。

二、艺术价值

由于葫芦本身具有独特的"福禄"文化内涵,所以人们喜欢通过艺术表现手法将其加工成艺术品,为中国艺术品的生产开拓出了一个新的路径,故葫芦制作工艺具有很重要的艺术价值。

三、文化价值

葫芦因通"福禄"而深受社会喜爱,成为人们日常把玩、陈设的古董,或是赠送亲朋好友的礼物。赵氏所传文玩葫芦已成为中华传统文化的重要组成部分,是了解中华文化的重要渠道,具有很重要的文化价值。

四、经济价值

目前,很多地方都以种植、加工葫芦作为本地精准扶贫、脱贫攻坚的重要手段,如天津市宝坻区牛庄子村

共有106户460人,村民开始葫芦种植后,全村人均年收入由原来的不足一万元增加到现在的人均三万元,其经济价值不言而喻

该申报书对"葫芦制作技艺"没有一句溢美之词,但言之凿凿的价值无人会否定。

十二　如何填写申报书中的"存续状况"?

描述该遗产项目在当前的存续状况，包括实践的频率和范围、实践者和受众人口分布等，不少于200字，不多于400字。

这部分内容，主要包括该申报项目的活跃程度（实践频率）、影响范围、项目传承人以及受到该项目影响人群的主要分布情况。最后一个问题是让申报者回答该项目与当代社会的互动情况，从而让评委知晓该项目在当地的影响力。"濒危"从生命科学角度看是坏事，但从遗产保护角度看，反倒是个加分项。总的来说，这些内容所呈现的是该项目在当代社会的存活状态、生命力强弱等方面内容，也是最能影响评委做出取舍判断的重要指标。例如：

> 由于泥源的严控和环境保护方面的限制，加之新型建筑材料的大量应用，挤占了黏土烧制砖原有市场份额，造成了黏土烧制砖的大量减产和市场的严重萎缩，传统土窑盘制技艺也感受到了巨大的冲击和挑战。
> 目前嘉善仅存土窑8座，制坯、烧窑人数严重萎缩，盘窑师傅更是屈指可数。据统计，目前健在的老艺人也多

在六七十岁甚至八十多岁,如何能把嘉善地区盘窑技艺保存并传承下去,已经成为摆在嘉善人面前的一大难题。

为解决这个问题,嘉善县组织了多支盘窑队伍赴江苏、安徽、江西、山西、云南、贵州、新疆、内蒙古等地盘建窑墩,有的甚至远赴俄罗斯、乌兹别克斯坦等国建窑,外出务工模式虽然保证了盘窑技艺在当下的活态传承,但无法保障在嘉善地区的长远传承。为使该项目能够在原生地域继续传承下去,需要与环保部门协调,从根本上解决这一难题。

在这一栏中,申报人首先说明了由于环境保护政策及市场环境等方面的原因,目前盘窑市场已经严重萎缩,甚至已经威胁到了该项目的生死存亡。接下来从土窑数量减少、盘窑人数日减以及盘窑工年龄的日益高龄化等三个方面,进一步强调了该项目的濒危程度。第三段重点强调在当地政府和民间艺人的共同努力下,如何通过"远走他乡,以艺谋生",让这一濒危遗产项目起死回生的心路历程。为使这一传统技艺能够在当地传承下去,申报者提出建议政府有关部门去协调当地环保部门,通过环保政策的灵活实施,为盘窑技艺留下一定的生存空间,义为该遗产项目的就地保护,指出了一条前进的方向。

十三　如何填写申报书中"相关实物及文化场所"？

描述该遗产项目传承实践的工具，与表现形式相关的制品和作品，及其人文景观、风物遗址等文化场所，不少于200字，不多于400字。

任何一项非物质文化遗产项目都有其独特的活动场所、操作空间，也会有相应的使用工具和制成品。这些场所和文化空间，以及相应的工具，为非物质文化遗产项目的实施，提供了方便。申报书设计方让申报人填写"相关实物及文化场所"的真正目的，一是看该项目在传承中是否遇到了生态环境方面的问题，二是想由此判断该项目是否还在原汁原味地传承。以"土家族摆手舞"为例。如果摆手舞还是在土家族传统村落广场上演出，说明这个项目至少从文化生态看，还是原汁原味的；如果摆手舞已经转移到了舞台上，变成了纯艺术表演，则证明这个本应传承于民间的项目至少在生态上已经出现问题。

其实，对于相关实物的考察，同样出于这个目的。例如：

一、相关实物

（一）制作工具

竹片、锯、贝壳、刷子、刀、锥子、木锉、砂纸、棉纱、筷子、勺、钢刷子、线钻、葫芦香、烙画笔头、油灯、手钻、雕刻刀、玛瑙刀、颜料、贴纸、小刀、胶棒、胶条、纸、金刚石磨头、毛笔、鬃毛刷子、胶枪、花纹、钳子、榔头、改锥、夹剪等工具。

（二）代表作品

赵锡荣的押画葫芦《本长》。赵广玺的烙画葫芦《二十四孝》。赵学义的雕刻葫芦《脸谱》。赵伟的范制葫芦《十二生肖八不正》。赵伟编著的《葫芦工艺宝典》《葫芦收藏鉴赏宝典》，2008年由北京化工出版社出版；赵伟与王世襄先生合著的《葫芦品鉴与收藏》，2009年由海峰出版社出版。赵珈莹：葫芦挂饰《一叶知天地、福禄万事宽》。

二、文化场所

1000平方米的制作车间，200平方米的种子库，200平方米的实验室，1000亩的葫芦种植主题公园，2000平方米的中国葫芦博物馆，1800平方米的中国葫芦艺术馆。

在天津市葫芦制作技艺申报书"相关实物及文化场所"一栏中，"相关实物"意在说明天津市葫芦制作技艺所使用的工具基本上是传统的，其传统手工技艺并没有被大型现代化设备取代，符合非物质文化遗产的手工要求。"代表作品"意在说明传承人有能力,有水平,有永不言败的进取精神。"文化场所"意在说明传承人同时还拥有雄厚的经济实力和深厚的文化底蕴。这些材料的加入,对于该项目的入选,显然都是加分项。

十四　如何填写申报书中"项目总体概况"？

总体概述该遗产项目的名称、地理位置、分布范围、历史沿革、基本内容、实践方式、实践主体、主要特征、文化意义、社会功能等基本情况，不少于500字，不多于800字。

这部分内容在前几批申报书中是以"活页"的形式出现的。目的是通过这些活页，让评委快速了解该项目。譬如在民俗组，需要讨论的项目有三四百项，即或每天评审十个小时，也需要几天的时间。这时，会务组就会将这些活页取出，专门编撰成册，评委可以先根据这些"活页"的叙述，做出一个大致的判断，有些项目甚至可以通过"活页"就能做出对该项目的取舍，从而大大缩短评审时间。如果通过"活页"仍无法判断该项目的取舍，评委才会找出申报书进行下一步的价值判断。如果通过申报书仍无法判断出项目的好坏，只能再通过录像进行项目的取舍。所以，对于"民俗"类非遗项目来说，作为"项目总体概况"的"活页"来说，无论如何都是十分重要的。在填写"项目总体概况"时，要用最精练的文字，对该项目进行全方位总结，这个总结虽然与前面的一些栏目在内容上会有重复，但并不影响该栏目的独特功能。例如：

盘窑技艺主要特指产生并流传于浙江省嘉兴市嘉善县的窑墩盘制技艺。这项技艺原本只分布在嘉善当地，后因嘉善窑业发展受限，盘窑师傅只能远走他乡，目前，该技艺已经传播到江、浙、沪、皖、赣、京、晋、云、贵、新、蒙等省区。

嘉善是中国东南沿海一带最重要的砖瓦供应地，苏南、浙北以及上海等长江三角洲近代城市群的崛起，均与嘉善砖瓦的提供有关。据光绪十六年（1890年）3月3日《申报》载："浙江嘉善县境砖瓦等窑有一千余处，每年三四月间旺销之际，自浙境入松江府属之黄浦，或往浦东，或往上海，每日总有五六十船，其借此以谋生者，不下十数万人。"嘉善砖瓦烧造业的迅速崛起原因有：第一，这里拥有优质的泥料资源；第二，这里拥有出色的砖瓦烧造技术，特别是高超的、独具一格的盘窑技艺；第三，水网密布，交通便捷，方便产品运输；第四，周边百公里范围内，有着优质的客户群体。

"盘窑技艺"是指盘窑师傅用泥坯、熟烂泥和砖等建筑材料盘砌窑墩的传统技艺。嘉善的盘窑绝技在于，师傅们可在50多平方米的大跨度的窑腔内，利用"起挪"（起拱）、"吃头"（收缩）等技术，使窑顶缓缓隆起，并最后收拢，从而达到节省建筑材料、扩大窑内空间的目的。与其他地方的小窑体不同，嘉善窑体大而宽，不但能承受

140多吨的重量和1300多摄氏度的高温,还能抵御12级台风。这种传统的盘窑工艺在很多地方已经失传,而在嘉善盘窑技艺传承人的手中,还有着很好的活态传承。

盘窑技艺及相关的砖瓦烧造业不仅对嘉善当地风俗习惯、民间信仰等产生积极影响,还因产业的聚集而形成了一系列特色鲜明的饮食文化、服饰文化和仪式文化,由于在历史上有力地推动了近代上海、苏州、宁波等长江三角洲大都市群的崛起,所以,它已经成为嘉善人引以为傲的骄傲。目前嘉善所烧砖瓦,仍可应用于古建筑的修复工程中,成为嘉善窑业匠人的主要收入来源。

尽管困难重重,但嘉善县委县政府还是决定动用自己的行政资源,将这份具有地标性质的文化遗产保护好、传承好,让它成为嘉善人永远的骄傲。

该申报书"项目总体概况"一栏,以简练的文字,很全面地交代了该项目的名称("盘窑技艺")、地理位置("浙江省嘉兴市嘉善县")、分布范围("该技艺已经传播到江、浙、沪、皖、赣、京、晋、云、贵、新、蒙等省区"),同时还通过引用光绪十六年(1890年)3月3日《申报》的报道,来说明至少在清末嘉善县砖瓦烧造业的盛况,以此证明嘉善县盘窑技艺历史的悠久。接下来,对盘窑技艺的实践主体("盘窑师傅")、基本内容("用泥坯、熟烂泥和砖等建筑材料盘砌窑墩的传统技艺……"〕、实践方式〔"师傅们可在50多平方米的大跨度的窑腔内,利用'起挪'(起拱)、'吃头'(收缩)等技术,使窑顶缓缓隆起,并最后收拢……"〕、主要特征("与其他地方的小窑体不同,嘉善窑体大而宽,不但能承受140多吨的重量和1300多摄氏度的高温,还能抵御12级台风……")进行了详细交代,而最后的两个段落,对盘窑技艺传承的文化意义、社会功能进行了介绍,同时,展现了当地政府保护这项非物质文化遗产的坚强决心。

十五 如何填写申报书中的"建议保护单位"?

这一部分有"单位名称""法定代表人""法人类型""通信地址(邮编)""统一社会信用代码""保护工作专门负责人""职务""电话""电子邮箱""法人证书或组织机构证明""保护单位保护能力情况""保护单位承诺"共12个栏目。

如果说"项目基本信息"这部分内容由项目主管单位来填写,那么,"建议保护单位"这部分内容则应由承担项目保护、管理的保护单位来填写。之所以叫"建议保护单位",是因为具体由谁来承担该项目保护、管理的法律责任,还要由上级主管部门来审批,作为填表单位、部门或个人,只有建议的权力。

一般来说,以前承担过许多非遗项目保护职责的保护单位,都有现成文本,将其复制到新表上即可。

(一)"单位名称"

这里的"单位",应该是一个具有独立法人资格、具有承担项目保护、管理法律责任能力的单位。

独立法人是相对于民法上"自然人"而提出的一个法律概念,可以是企业法人、社会团体法人、事业单位法人或其他(如国家机关,春节、清明节等全国性民俗项目,其保护单位就是国家的文化和旅游部）。有所区别的是，企业法人、社会团体法人、事业单位法人在开展活动时，需有《企业法人营业执照》《社会团体法人证书》《事业单位法人证书》作为法人身份的合法凭证，而国家机关是经各级人民代表大会批准产生的，在履行职能时，不需提供证书类的法人凭证。

在实际填写中，"单位名称"一栏往往填写县级文化馆、某个协会（如非物质文化遗产保护协会），或具有法人性质的某个公司，填写时要与相关法人证书所用名称完全一致，不能使用简称，以免产生歧义。

（二）"法定代表人"

法定代表人是指依法代表法人行使民事权利、履行民事义务的主要负责人，如单位负责人、协会会长、公司董事长等。在填写这些内容时，也应注意与相关法人证书上填写的"法定代表人"所用名字完全一致。

（三）"法人类型"

"法人类型"包括："□企业法人；□社会团体法人；□事业单位法人；□其他"等几个选项，在该项目对应处标有"□"的地方填写"√"即可。

所谓"企业法人"，是依据《企业法人登记管理条例》和《公司法》等有关法律法规，经工商行政管理机关登记注册，完成获取法人资格的法定程序的法人；所谓"社会团体法人"，是依据《社会团体登记管理条例》，经社会团体登记管理机关登记，完成获取法人资格的法定程序的法人；所谓"事业单位法人"，是依据《事业单位登记管理暂行条例》及其他有关法律法规，经事业单位登记管理机关登记或备案，完成获取法人资格的法定程序的法人；国家机关等不属于前述几类法人的，归入"其他"。

(四)"通信地址（邮编）"

"通信地址"这一栏，一般填写保护单位所在的省（区、市）名、市名、县（区）名、乡镇（街道）名、门牌号码和邮政编码，要根据实际地址，范围由大到小依次填写。

有的申报书在填写这一栏时，只从市、县一级，甚至仅从乡镇、街道一级开始往下填写，这种不规范的填写行为，往往会因为格式不规范而落选。

(五)"统一社会信用代码"

2015年6月4日，国务院常务会议决定实施法人和其他组织统一社会信用代码制度，以提升社会运行效率和信用。统一社会信用代码相当于让法人和其他组织拥有了一个全国统一的"身份证号"，这是推动社会信用体系建设的一项重要改革措施。

统一社会信用代码由登记管理部门代码、机构类别代码、登记管理机关行政区划码、主体标识码（组织机构代码）和校验码五个部分组成，用18位（和身份证的位数相同）阿拉伯数字或大写英文字母表示，分别是1位登记管理部门代码、

1位机构类别代码、6位登记管理机关行政区划码、9位主体标识码、1位校验码。如"贵州省铜仁市德江县文化遗产保护中心"的统一社会信用代码是"12522227MB10996125","河北省保定市的高碑店市文化馆"的统一社会信用代码是"12130684E09292574G"。

凡是不符合18位数这个基本标准的，往往都存在着这样或是那样的错误，或把与这个单位相关的其他符号数列错当成了统一社会信用代码来填写。常犯的一个错误，是把9位数的"组织机构代码"当成了统一社会信用代码填写，这是不行的。

（六）"保护工作专门负责人"

在"保护工作专门负责人"一栏，要填写专门负责该遗产项目保护工作的人的姓名。注意其姓名的写法要与该人身份证上的写法一致，不要出现同音异字等情况。因为在许多场合往往要求以身份证来证明该人的身份，一旦姓名填写与身份证不一致，很可能会出现难以证明自身身份的问题。

（七）"职务"

"职务"一栏，要填写负责该项目保护工作的人在项目保护单位中的职务，如该人在社会上担任多种职务，且这些职务与遗产保护无关，可不必填写。

如浙江省嘉兴市嘉善县申报的"盘窑技艺"，其遗产项目保护单位是嘉善县文化馆，保护工作专门负责人浦××的职务是"嘉善县文化馆副馆长、嘉善县非物质文化遗产保护中心副主任",在嘉善县,非物质文化遗产保护中心就设在文化馆,这个保护工作专门负责人的两个职务都在项目保护单位之内,与非物质文化遗产保护都有关联,故都可以填写。

(八)"电话"

"电话"一栏,可以留遗产项目保护单位的固定电话号码,也可同时再留一个保护工作专职负责人的移动电话号码,这样更便于工作上的随时联系。

(九)"电子邮箱"

电子邮箱是发送电子邮件的网络地址,电子邮件是当代社会通过用电子手段提供信息交换的最主要的通信方式之一。在当下工作事务的沟通联络中,发送文本、音频、视频等电子文件,都离不开电子邮箱。

一个完整的电子邮箱地址格式应为"登录名@主机名.域名",如"hbsfybhzx@163.com",左边的"hbsfybhzx"为其登录名,中间用"@"(表示"在"的意思)隔开,右边是完整的主机名,它由主机名"163"与用圆点"."隔开的域名"com"组成。

(十)"法人证书或组织机构证明"

如果保护单位是文化馆等事业单位,需要"事业单位法人证书"。"事业单位法人证书"是事业单位登记管理机关依法给予核准登记或者备案的事业单位颁发的、确认其事业单位法人资格的法定凭证；上面载有事业单位法人名称、住所、宗旨和业务范围、法定代表人姓名、经费来源、开办资金、社会信用统一代码等登记事项。

如果保护单位是某个企业，需要"企业法人资格证书"。"企业法人资格证书"是工商行政管理机构依法颁发的企业法人资格的合法凭证，可享受法人可以享受的权利，并承担法人应当承担的义务。上面载有企业单位法人的注册号、名称、住所、法定代表人姓名、注册资本、企业类型（经济性质）、成立日期、登记机关、核准日期等内容。

如果保护单位是某个社会团体，需要"社会团体法人登记证书"。"社会团体法人登记证书"是社会团体登记管理机关依法给予核准登记或者备案的社会团体颁发的、确认其社会团体法人资格的法定凭证；上面载有社会团体法人的名称、住所、宗旨和业务范围、法定代表人、活动资金、业务主管部门等登记事项。

如果保护单位是其他组织，也需要"组织机构证明"。

将这些证书的电子版粘贴在该栏内即可。一般来说，这些法人证书或组织机构证明都有"有效期"，粘贴证件时要注意这些证件的有效期，只有在有效期内使用，才具有法律效力。

十六　如何填写申报书中的"保护单位保护能力情况"？

填写该单位与该项目相关的代表性传承人或相对完整资料的情况；专职从事该遗产项目保护工作的人员情况；用以开展传承、展示活动的场所规模和条件；用以开展保护传承工作的自有资金情况等。不少于 400 字，不多于 600 字。

在填写这一栏时，容易出现申报书文不对题的问题。如有的申报书并没有提及保护单位对该遗产项目传承人的了解程度，没有提及对该遗产项目相关资料的掌握情况，也没有提及本保护单位是否有对该遗产项目的保护能力，以及此前为该项目的保护到底做出过哪些具体工作。只是大而化之地罗列本保护单位的人员构成、近些年在非物质文化遗产保护方面做出过怎样的成绩等，总之，申报书在谈及"保护单位保护能力情况"时，并没有针对该遗产项目回答本应回答的具体问题。正确的做法是：回答你们单位在保护该项目过程中到底做出过怎样的努力、和传承人关系如何、是否有继续合作的可能、你们将要为该项目做出怎样的努力，以及你们是否已经具备了保护该项目的能力。例如：

（一）盘窑技艺 2013 年由嘉善县文化馆申报为县级非物质文化遗产，2015 年申报为市级非物质文化遗产，2016 年申报为省级非物质文化遗产。在这个过程中，嘉善县文化馆，特别是嘉善县非物质文化遗产保护中心，与该项目省级代表性传承人孙新安（男，1956 年生）、其弟孙华廷（西塘镇盘窑技艺第四代传承人）、其弟子孙永兴（男，1966 年生，西塘镇盘窑技艺第四代传承人），以及市级代表性传承人王福根（男，1949 年生，天凝镇盘窑技艺第三代传承人）、其弟王锦其（男，1962 生，天凝镇盘窑技艺第四代传承人）等建立了良好的业务联系，并为他们做了很多服务性工作，深受传承人好评。作为该项目的保护单位，嘉善县文化馆还积累了大量关于盘窑技艺的历史文献、现状资料及一些相关图片、视频。

（二）2009 年，嘉善县文化局设立嘉善县非物质文化遗产保护中心，实有编制 2 人，工作人员 2 人，专门负责嘉善非物质文化遗产申报、监督、立档、宣传、指导和服务工作，这其中，盘窑技艺项目也因此得到了很好的保护。

（三）嘉善县文化馆成立于 1949 年，是具有独立法人的一类公益全额拨款事业单位，注册资本 295 万元，建筑面积近 6000 平方米。县文化馆拥有上百平方米的档案中心，其中保存了包括嘉善县非物质文化遗产在内的全部档案和资料。此外，还拥有 500 多平方米"不熄的窑火"窑文化专题展示馆。

（四）除有注册资本做基本保障外，保护单位还将在未来的 5 年里投资 500 万元，用于该项目的活态传承与保护。

大家注意：在申报书"保护单位保护能力情况"一栏中，首先把保护单位与该遗产项目代表性传承人在工作上的紧密关系、传承人的基本情况、保护单位掌握相关资料情况等进行了简要的陈述。在"专职从事盘窑技艺保护工作的人员情况"一栏里，申报人重点介绍了保护中心的组织情况和对盘窑技艺相关的保护情况。在"用以开展传承、展示活动的场所规模和条件"一栏里，申报人重点介绍了保护单位的基本设施以及资金拥有情况，并重点提及了与盘窑技艺相关的窑文化专题展示馆建设。在本栏目的最后，申报人对用于开展保护传承工作的自有资金情况进行了说明。这种既让评委看到了他们此前的努力，也让评委看到了他们的能力，为这样的项目投上一票，对于评委来说，至少是安心的。

十七 如何填写申报书中的"保护单位承诺"?

这部分内容,是空白表格上预先填写好的、格式化条款只要原封不动填好即可。条款内容如下:

> 我单位承诺:
> 我单位申请作为国家级非物质文化遗产代表性项目保护单位,承诺如实提供所有申报材料,自愿根据有关法律法规的规定承担保护单位职责,自愿接受文化和旅游行政部门的管理监督并定期报告履责情况。

这段文字有三层意思:一是保证申报材料的真实性,二是承诺承担法律规定的保护单位职责,三是承诺接受上级主管部门的监督并定期报告履责情况。保护单位只要填写上年月日,并加盖单位公章即可。

十八　如何填写申报书中的"项目保护计划"？

该部分包含"已采取的保护措施与已取得的保护成效""五年保护计划主要内容""五年计划预算编制情况""保障措施""备注"等几个栏目。

"项目保护计划"是今后非遗保护工作的行动指南，具有重要的现实意义。建议保护单位在与专业人士充分沟通的基础上，填写出切实可行的保护计划。

从填报的情况看，有些地方在填写这部分内容时，仍存在很大的随意性，不顾实际情况胡编乱造的情况时有发生。原因是上级有关部门从未把这部分内容当真，没有对已经申报成功的项目进行核对与回访，甚至未根据落实情况实施奖惩。既然没有人拿这部分内容当真，填写者也就自然流于形式，草草应对。其实，这种对保护工作敷衍了事的工作作风，对非物质文化遗产保护工作的认真开展来说，是非常有害的。

建议上级管理部门对以往申报书中有关保护计划承诺的落实情况进行认真复查。有了这个措施，人们才会知道"一诺千金"的分量，才会遵照承诺开展工作，否则就会带来严重后果。只有这样，才会从根本上杜绝在填写项目保护计划过程中胡编乱造情况的发生。

十九 如何填写"已采取的保护措施与已取得的保护成效"?

填写该遗产项目列入省级非物质文化遗产代表性项目名录后,为加强和促进该遗产项目的保护传承已经采取的各项具体保护措施和取得的成效,并说明相关群体和个人参与保护工作的情况。不少于400字,不多于600字。

上级主管部门设计该栏目的目的,是想考察一下该项目作为省级非物质文化遗产时,地方主管部门是不是已经为该项目的保护切切实实地做了很多工作。这部分内容的填写重点主要有以下几个方面:第一,从时间节点上看,主要看该保护单位在"该遗产项目列入省级非物质文化遗产代表性项目名录后",到底做了哪些工作。至于被列入省级非物质文化遗产代表性项目名录之前的情况,就不再追问了;第二,从保护措施看,该保护单位到底为该遗产项目的保护做了哪些工作;第三,从保护成果看,在该项目的保护上,该保护单位到底取得了哪些成绩?第四,从保护主体看,都是哪些人或是哪些团体为该项目的保护做出了重要贡献?有了这些保护工作上的成就,才能证明该保护单位与相关责任人有能力把该遗产项目保护好、传承好。例如:

在"盘窑技艺"被列入浙江省级非物质文化遗产代表性项目名录后,我们做了以下工作:

(一)保存相关物证。目前全县共保留著名土窑8座。其中沈家和合窑于2005年3月被列为省级文物保护单位。使用中的窑墩需要盘窑师傅不断修补,在此过程中,盘窑技艺也获得了不间断的实践和传承。

(二)强化组织建设。干窑镇于2008年成立窑文化研究会。这个研究会一方面挖掘整理窑文化史料、出版专辑,另一方面也在不断总结传统盘窑技艺的要点,鼓励盘窑技艺的活态传承。

(三)注重代际传承。为此,编写并出版了乡土教材,在中小学开设了窑文化专题课程。利用劳动技术课,开展过数次盘窑技艺传习活动。

(四)关注传承人的生活。保护非物质文化遗产的关键是保护传承人。近年来,县文化馆和县非物质文化遗产保护中心在盘窑传承人保护上做了很多工作,在资金上也给予了一定的扶持,改善了传承人的生活境遇。

(五)注重技艺展示。2015年开工建造"嘉善历史文化陈列馆",投入800多万元,设立了"不熄的窑火"展示厅,面积达500多平方米,取得了良好的展示效果。

(六)争取更多扶持。县非物质文化遗产保护中心加强与相关部门的沟通、协调工作,确保盘窑技艺的有序传承。与环保部门协商,为盘窑技艺的传承争取到一定的施展空间。

(七)鼓励活态传承。鼓励盘窑技艺传承人带徒远赴外地盘窑。目前,已有盘窑师傅赴外地十余省,甚至远赴俄罗斯、蒙古、乌兹别克斯坦等国盘窑,从而确保了盘窑技艺的活态传承。

浙江省嘉兴市嘉善县"盘窑技艺"的申报书在本栏中,重点从"保存相关物证""强化组织建设""注重代际传承""关注传承人的生活""注重技艺展示""争取更多扶持""鼓励活态传承"等七个方面,系统地介绍了他们已经采取的保护措施和已经取得的保护成果,材料扎实,内容具体,叙述平实,有力地展示了当地非物质文化遗产保护部门和遗产保护工作者为该遗产的保护与传承所做出的种种努力。

二十 如何填写"五年保护计划主要内容"?

　　填写该遗产项目今后五年的保护计划,保护计划应围绕记录、建档、传承、研究、宣传等方面的内容制定,并说明如何确保该遗产项目相关的群体和个人参与保护措施的制定及其今后的实施。保护计划应是具体可行的措施,且参与方有明确的责任约定,而非可能性和潜在性的描述。不少于400字,不多于600字。

　　这里的"五年",是指"未来五年",如果是2019年填表,"未来五年"就是指2020年至2024年。可以按照时间进度来填写保护计划,从记录、建档、传承、研究、宣传几个方面展开陈述,要求有针对性、连贯性、内在逻辑性和可操作性。例如:

　　2020年:1.收集相关实物与资料,做好音像资料的录制工作、传承人口述史的记录工作,启动大数据建设,实施该项目代表性传承人、老艺人抢救性记录工程,使该技艺得以长期保存;2.在嘉善窑文化专题展示厅的基础上,收集更多资料,丰富"不熄的窑火"窑文化的展示内容,组织现场盘窑展示活动;3.开展窑文化保护重大课题研究工作；4.鼓励艺人赴外地盘窑，并在资金上给予一定程度的传承补贴。

2021年：1.保护老窑墩，将这段历史以鲜活的形式记录下来，并将这里建成展示嘉善历史、弘扬嘉善传统文化的研学基地；2.动用省市县电视台等媒体资源，做好宣传普及工作；3.鼓励艺人赴外地盘窑，并在资金上给予一定程度的传承补贴。

2022年：1.编纂出版盘窑技艺等窑文化相关书籍，以及相关教材等，做好宣传工作；2.组织传承人对青少年开展培训传习活动，扩大盘窑技艺的影响；3.借助高校资源，开展研讨活动，做好窑文化研究工作；4.鼓励艺人赴外地盘窑，并在资金上给予一定程度的传承补贴。

2023年：1.争取在本地建造一座窑墩，确保嘉善盘窑技艺的有效传承，以新窑墩为载体，通过影像录制等方式，将整个过程记录下来，并利用该机会培养更多传承人；2.进一步争取在政策允许和有需要的外省建造新窑墩，确保技艺的活态传承。

2024年：1.与旅游、游学相结合，激发项目发展活力，让文化遗产活起来，进一步扩大盘窑技艺的影响力，拉动地方经济；2.加强嘉善传统砖瓦在古镇、古村落等古建筑修复中的应用，促进盘窑技艺的可持续发展。

在嘉善县"盘窑技艺"申报书中,关于"五年保护计划"这部分是分年份展开的,记录、建档、传承、研究、宣传几个方面都写得非常翔实,具有较强的可操作性。一些需要常年展开的活动,如"鼓励艺人赴外地盘窑",在计划的不同年份里都做了适当重复,因为"活态传承"是传承人的本分,不可能今年传、明年不传。笔者认为还可以有另一种写法:对于一些需要年年展开的保护工作,可以在"五年保护计划"的前面集中阐述;而一些需要在不同年份分阶段做的工作,则可以分配在五年中的不同年份里分步实施。这样有分有合的陈述方式,可能更适合说明"五年保护计划"的具体内容。

二十一　如何填写申报书中的"五年计划预算编制情况"？

表格中列了5行，但不代表是指5年，要按照保护工作的具体内容如实填写，行数可自行增加或调整。

"五年计划预算编制情况"下面，又有"预算项目名称""经费投入（万元）""依据说明""预期目标""资金来源（万元）"几个分项，而"资金来源"这个分项下面又分为"保护单位自筹"和"地方（部门）投入"两项。

"预算项目名称"是指保护计划中的具体工作内容，比如要开展技能培训、学术研讨、视频摄录、文化传播活动等；"经费投入（万元）"这个预算额度要合理，要根据需要与可能来确定；"依据说明"是针对预算项目和经费投入所做出的测算说明，理由要充分，不能因胡编乱造而失分；"预期目标"要符合实际，既不能太低，也不要虚高，搞形式主义则会造成失分；"资金来源（万元）"用阿拉伯数字填写。"资金来源（万元）"后面的"保护单位自筹"可以让保护单位自己做主填写，但"地方（部门）投入"部分应与地方政府或相关部门协商后填写，否则，即或填写，也无法落实。

例如：

表1 五年计划预算编制情况

预算项目名称	经费投入（万元）	依据说明	预期目标	资金来源（万元）	
				保护单位自筹	地方（部门）投入
前期调研	50	开展为期3个月的传承人、老艺人、窑工群体等的采访工作，收集相关资料，制作音像资料	建立窑文化数据库，形成40万字的调研报告		50
文化馆窑文化展陈	200	完善历史文化陈列馆中"不熄的窑火"的展示部分	加强展示厅相关实物的征集与展示，如在展示厅内展示老窑墩实的体模型等，搭建盘窑技艺展演展示平台、窑文化宣传、体验互动等窗口；提升讲解人员专业素质	50	150
建造新窑墩	200	建造一座新窑墩，在此过程中，将相关的盘窑技艺记录并保存下来，同时，通过施工促进相关技艺的活态传承	确保盘窑技艺活态传承		200
专题研究	50	与院校结对，开展专题研究	编纂窑文化研究文集	10	40
总额	500			60	440

表1是嘉善县"盘窑技艺"申报书中关于"五年计划预算编制情况"的表格，仅供大家参考。

二十二 如何填写"保障措施"?

说明为确保保护计划的实施,将采取的各项保障措施,包括政策、机构、人员、经费等,不少于200字,不多于400字。有了保障措施,才能够确保相关计划的最后落实,所以,写清"保障措施",无论如何都是十分重要的。例如,保障措施通常可以从以下几方面思考。

政策保障:1.在与相关单位、部门沟通的基础上,制定相关政策,在不影响本地生态环境的前提下,确保盘窑技艺在当地的活态传承;2.制定并落实对盘窑技艺代表性传承人开展传习活动的补助政策;3.制定盘窑技艺活态传承的激励机制,凡在本地或赴外地盘窑的代表性传承人,均享受政府的传承补贴。

机构保障:盘窑技艺的保护与传承工作由嘉善县文化馆和县非物质文化遗产中心负责。目前嘉善县非物质文化遗产中心与县文化馆合署办公,嘉善县文化馆成立于1949年,是具有独立法人的一类公益全额拨款事业单位,注册资本295万元。县文化馆拥有面积上百平方米的档案中心,其中保存了嘉善县非物质文化遗产珍贵的档案和资料。此外，还建成了500平方米的窑文化展示厅。

人员保障：2009年，嘉善县文化馆设立嘉善县非物质文化遗产保护中心，实有编制2人，工作人员2人，专门负责嘉善非物质文化遗产工作，其中便包括盘窑技艺的保护工作。

研究队伍保障：1. 在县文旅局指导下，成立"嘉善县窑文化传习会"和"嘉善县窑文化研究会"，前者主要由盘窑师傅构成，重点是恢复嘉善盘窑技艺以及砖瓦烧制技艺的活态传承，后者主要由学者及研究人员组成，重点是对嘉善盘窑技艺以及嘉善砖瓦烧制技艺进行深入研究；2. 地方政府、文化部门出资，鼓励高校、科研院所，以课题形式，对盘窑技艺与历史文化进行深入发掘和影像记录。

经费保障：地方政府投入保护资金500万元，专门用于盘窑技艺的保护与传承工作。

由此可以看出，嘉善县"盘窑技艺"申报书中的"保障措施"，主要是从政策、机构、人员、研究队伍、经费等五个方面进行陈述的，应该说在申报书中，这些措施提出，不但考虑全面，而且具有可操作性。

二十三　如何填写"备注"一栏的内容？

在前面各栏目中如有尚未纳入的其他内容,申报者觉得又很重要,那么,这些内容可在"备注"中填写。如果对前述内容有需进一步说明者,同样可以在这里进一步说明。但在通常的情况下,这一栏可以不填。

二十四　如何填写申报书中"传承人、传承群体同意申报及参与保护工作声明书"？

这部分内容由遗产项目传承人填写,这是一个格式化的现成文本,只需要把建议保护单位的名称填上即可。原文是这样说的:

> 我们作为该遗产项目主要传承人(传承群体),同意该遗产项目申报国家级非物质文化遗产代表性项目,并同意(建议在此写上保护单位名称)作为项目保护单位,愿意共同参与该项目的申报以及今后的保护工作。

这段文字包含三层意思:第一层意思是该遗产项目传承人同意该项目申报国家级非物质文化遗产;第二层意思是同意前面的"建议保护单位"作为本项目的保护单位;第三层意思是表示愿意共同参与该项目的申报和未来的非物质文化遗产保护与传承工作。总之,这是一个遗产项目传承人的表态性文本,以免为申报非物质文化遗产项目产生什么争执。

接下来是遗产项目主要传承人或传承群体代表的签名或盖章,并加注年月日。如果是个人,要签名(还可以同时盖章或按手印），并填写单位或住址；如果是单位、团体，还需要盖章。尤其需要注意的是：这里的签名者，一定要与上述的"主要传承人、传承群体"相对应，他们应该是同一个个人或同一个团体，否则就会出现问题。

在某申报书"主要传承人、传承群体"排行次序与后面的"传承人、传承群体同意申报及参与保护工作声明书"中的排序完全不同，有的传承人甚至不见踪影。这种连格式审查都无法通过的申报书，如何能获得评审委员的认同？

二十五　如何填写"专家评审委员会论证意见"？

在上报中央机关之前，各省级文化和旅游行政主管部门或中央和国家机关会组织专家进行评审论证，并填写专家评审委员会对该遗产项目价值与代表性、建议保护单位资质与能力、保护计划的科学性与可行性等论证意见，同时还要填写是否建议推荐申报国家级非物质文化遗产代表性项目和保护单位意见，不少于200字，不多于400字。

有的地方在"专家评审委员会论证意见"这一栏填写过于简单，没有具体意见，只有一个同意或不同意的态度，这是不合适的。那么，一份合格的"专家评审委员会论证意见"应如何填写呢？下面，我们以宁波内家拳为例，介绍一下"专家评审委员会论证意见"的填写方式，仅供大家参考。

内家拳是一种"主于御敌"的拳种，内含多套拳法、内功心法、疗治方法，是一门内涵丰富、风格独特、训练方法自成体系的独特拳种，明末清初浙东学派大家黄宗羲在《王征南墓志铭》中论及此拳种时，冠以"内家"二字，以此得名，成为有别于少林"外家"的拳术系统，确切可考历史已有400余年。其传承和变迁过程为中国武术史和社会生活史的研究提供了重要的研究资料。内家拳至今仍以开馆收徒、师徒传授的形式传承。10余年来内家拳拳师在国内外多地开设拳馆，影响遍布70个国家和地区。建议该项目保护单位为宁波内家文化传播有限公司。该公司下设多家拳馆、传习基地和展示馆，有多名专职工作人员及传习教练，具有较强的传承能力；五年保护计划围绕记录、建档、传承、研究、宣传等方面内容设置工作目标，具有较强的科学性和可操作性。

推荐内家拳申报第五批国家级非物质文化遗产代表性项目，推荐宁波内家文化传播有限公司为项目保护单位。

另外，在"专家评审委员会论证意见"后面，还有一个"评审专家名单"，上面列有参与评审专家姓名、年龄、专业、职称、单位和联系电话等几方面内容，评委如实填写即可。需要说明的是，参与评审的专家评审委员会委员，不应少于5人。

二十六 如何填写"省级文化和旅游行政部门（中央和国家机关部门）推荐意见"？

本栏目的填写内容，是表明省级文化和旅游行政部门或中央和国家机关部门是否推荐该项目申报国家级非物质文化遗产代表性项目和保护单位的明确态度，包括认定项目是否符合非物质文化遗产保护要求、申报材料是否属实、项目列入省级非物质文化遗产名录后是否取得了良好的实效、保护单位是否具有代表性并有保护能力、保护计划是否可行等。不少于400字，不多于600字。例如：

> 梅源开犁节作为基于芒种节气、反映人与自然和谐关系的一项群体性民俗项目，长期以来一直流传于浙江省云和县梅源山区，具有极为鲜明的山区梯田农耕特色。该项目时间节点独特，表现形态丰富，功能指向多元，群众参与度、认可度极高，是当地畲汉等民族文化交流的重要纽带。每年一度的开犁活动，不仅增强了当地社会的凝聚力，同时也有力地推进了当地社会的和谐发展，符合非物质文化遗产保护的基本要求。申报材料内容完整，描述准确，真实可信，较好地反映了该项目的历史、

现状。该项目列入省级非物质文化遗产名录后，保护工作扎实有效。2013年建立了专门的保护领导小组和项目实施小组，指导、落实保护工作开展。在项目调查研究、记录建档、促进项目社会传播、推进传承队伍建设等方面，均取得了较好成效，已形成老中青相结合的传承队伍，目前已进入增强传承实践活力的新阶段。建议保护单位"云和县非物质文化遗产保护中心"，是当地负责非物质文化遗产保护的专门机构，与该项目传承人群联系密切，在项目的建档保存、传承传播等方面，积累了丰富经验，是推动项目保护的重要力量，具备承担该项目保护工作的能力。近年来，当地政府每年都会提供50万元的项目保护经费。五年保护计划根据项目保护基础制定，符合非物质文化遗产保护要求和地方实际，具备可持续性和可操作性。

同意推荐梅源开犁节申报第五批国家级非物质文化遗产代表性项目，同意推荐云和县非物质文化遗产保护中心为该项目保护单位。

上面是浙江省丽水市云和县"梅源开犁节"申报书中"省级文化和旅游行政部门（中央和国家机关部门）推荐意见"栏填写的内容，仅供大家参考。

二十七 如何拍摄申报视频？

关于非遗项目申报视频的拍摄，文化和旅游部有明确要求。有关文件要求：

（一）技术要求：MP4/AVI/MPEG/MOV格式，5—7分钟，大小不超过300M，分辨率不低于1080P。

（二）形式要求：应是专为项目申报制作的视频录像，而不是旅游风光宣传片。视频要求配普通话解说词和中文字幕。

（三）内容要求：本视频由概述、文化表现形式的动态过程展示、存续与传承情况、保护计划等四部分组成。

"概述部分"简要介绍项目名称、分布区域、传承主体（传承人及传承群体），以及该项目的地域独特性、杰出价值（当代价值）、流传范围及相关的社会环境与自然环境。

第二部分重点介绍该项目的动态制作过程或表演过程。这也是整个视频的重点。这一部分的基本表现方法是视频要在5—7分钟的时间里，将该项目的整个过程展示出来——申报舞蹈项目者，要将该舞蹈过程中各重要段落表现出来；申报民俗项目者，要将民俗活动的过程，特别是其中最重要的传统仪式展现出来；申报传统技艺者，要将该技艺的重要工序，特别是其中的绝活儿展现出来。也就是说，在关注到面的前提下，要把该申报项目最核心的内容、最关键的环节、最明显的特征、最有代表性的造型、最拿手的绝活儿、最典型的产品，连同它们的特点、功能全面地展示出来。让评审委员知道你的"好"，从而赢得最宝贵的一票。需要特别提示的是，作为"旁白"，要在这个过程中，把该项目的历史源流、基本流程、主要特点，以及每个动作、每个图案、每个仪式所要表达的内容通过旁白的形式，告诉给每位观众。第二部分的重点在于：说明该项目在保护中国传统工艺、传统造型、传统文化上所表现出来的独特价值，在保护中华民族传统文化基因上所表现出来的独特价值，以及在保护地域文化独特性与人类文化多样性方面所表现出来的独特价值。没有点儿"绝活儿"，没有点儿特点，是不能申报国家级非物质文化遗产的。

第三部分"存续与传承状况"，重点说明该项目在当代的存续现状及传承情况，如果濒危，指出濒危产生的原因。

第四部分"保护计划"，在各种保护宣传上简明扼要地介绍未来保护计划的主要内容和具体的实施步骤。

（四）片头要求须打出项目类别、项目名称、申报地区及"××省第×批×级非物质文化遗产代表性项目推荐申报视频"字样。

（五）温馨提示：

1. 申报视频所录项目的真实性。要求进入镜头的传承人、场所、工具必须真实可信。

2. 申报录像片的解说词,在内容上应与申报书的内容相统一。

3. 非遗申报视频不同于地方宣传片、企业宣传片和旅游宣传片,不需要出现城市风光、鳞次栉比的高楼大厦、纵横交错的高速公路,以及领导表态致辞等内容。

4. 确保视频质量。做到不卡壳、高音量、不超时,不要因视频质量而影响评审结果。

二十八　如何选择"代表性图片"？

（一）数量：10张有代表性的反映该遗产项目主要内容、价值和特点的近期照片。

（二）技术要求：横向分辨率1800P以上，JPEG格式，6寸数码彩色照片，大小在5M以内。

（三）相关说明：每张照片附拍摄时间、地点、拍摄者、相关人员、画面内容等说明，150字以内。

视频、图片材料中对遗产项目的说明应与推荐申报书中的信息保持一致并紧密关联。纸质件上交格式，一页放两张，可以冲洗，也可以彩打。

四、申报填写篇　163

二十九　如何报送材料？有什么要求？

（一）项目名称、项目类别是否必须是省政府公布的，能否做调整？

可以申请调整。程序如下：请区市文化行政部门在向省厅提交的推荐申报函中，提出项目名称或项目类别调整的申请，并对调整做出详细说明。说明内容包括需要调整的理由，以及该区市评审时评审专家对这些调整提出的具体意见。

（二）材料装订

国家级非物质文化遗产代表性项目推荐申报书、10张照片装订成一册。辅助材料可以装订在一起，如果辅助材料体量过大，也可分开装订。如果申报书、照片和辅助材料装订在一起，需要制作目录说明；如需分开装订，辅助材料的订本也需制作目录说明，申报书和照片的订本不需要制作目录说明。申报书封面按文旅部提供的格式制作，字体、字号等不需要改动。封面统一用略厚的铜版纸制作。

（三）关于是否制作电子申报材料光盘

通常需要制作U盘，不建议制作光盘。

（四）电子材料报送

请各省区市用U盘报送电子材料。规则如下：

名称

- 7个项目的专家和行政推荐意见
- 石塘元宵习俗
- 送大暑船
- 台州刺绣
- 易筋经

名称

- 台州刺绣十张照片
- 台州刺绣辅助材料
- 台州刺绣申报片
- 台州刺绣申报书

（五）申报材料上报时间

申报材料（尤其是视频资料）上报时间由上级主管部门统一通告。